D1922238

Vanessa Göcking

DU BIST DAS *Beste*, WAS *DIR* JE PASSIERT IST

Vanessa Göcking

DU BIST DAS *Beste,* WAS *DIR* JE PASSIERT IST

Wie du deinen
Wert erkennst und
glücklich wirst

mvgverlag

Bibliografische Information der Deutschen Nationalbibliothek
Die Deutsche Nationalbibliothek verzeichnet diese Publikation in der Deutschen Nationalbibliografie. Detaillierte bibliografische Daten sind im Internet über http://dnb.d-nb.de abrufbar.

Für Fragen und Anregungen
info@m-vg.de

Originalausgabe
4. Auflage 2023

Türkenstraße 89
80799 München
Tel.: 089 651285-0
Fax: 089 652096

Redaktion: Anke Schild
Umschlaggestaltung: Isabella Dorsch
Umschlagabbildung: Shutterstock.com/TWINS DESIGN STUDIO
Satz: Christiane Schuster | www.kapazunder.de
Druck: CPI books GmbH, Leck
Printed in the EU

ISBN Print 978-3-7474-0556-7
ISBN E-Book (PDF) 978-3-96121-944-5
ISBN E-Book (EPUB, Mobi) 978-3-96121-945-2

Wir produzieren nachhaltig
www.m-vg.de

INHALT

DIESES BUCH IST FÜR

DICH,

DAMIT DU ERKENNST,
WIE WERTVOLL DU BIST,
UND DEIN GLÜCK
FUNKEN SPRÜHT

EINLEITUNG

»Aus diesem Mädchen wird nie etwas werden.«

Ich habe nicht viele Erinnerungen an die Zeit vor meinem sechsten Lebensjahr, doch dieser Satz hat sich eingeprägt, als wäre er mit einem heißen Eisen in mein Gehirn gebrannt worden. Ich erinnere mich nicht mehr an das Gesicht der Erzieherin, die ihn äußerte, oder an die Reaktion meiner Mutter auf diesen verbalen Schlag. Mein Fokus lag stattdessen auf dem Knoten in meinem Bauch und dem Gefühl, nicht auszureichen, nichts richtig zu machen und nichts wert zu sein.

Auch wenn das Verhalten meiner damaligen Erzieherin aus meiner heutigen Sicht pädagogisch mehr als fraglich ist, verpasste sie dem Selbstwert der kleinen Vanessa einen heftigen Hieb. Ab diesem Augenblick war ich stets darauf bedacht, es allen recht zu machen, um gemocht zu werden oder zumindest nicht anzuecken. Meinen Wert knüpfte ich an die Anerkennung, die ich von anderen erhielt, zum Beispiel indem ich in der Schule besonders gute Noten schrieb, gegenüber Erwachsenen besonders »artig« war und mit Freundinnen stets die Spiele spielte, auf die sie Lust hatten – auch wenn mir gar nicht danach war.

Mit zunehmendem Alter verschärfte sich mein Wunsch, zu gefallen, sogar noch mehr. Egal, ob im Studium, in der Liebe oder beim Sport: Ich setzte mir Maßstäbe, die kaum zu erreichen waren. Indem ich meine Erwartungen enttäuschte, bestätigte ich mich darin, nicht gut genug zu sein, und fühlte mich mies. Und wenn ich meine hochgesteckten Ziele doch erreichte, dann hakte ich sie ab und schob die Messlatte weiter nach oben.

Ich erschuf mir mein eigenes Hamsterrad, angetrieben durch Selbstzweifel, negative Gedanken und den Wunsch, irgendwann einen Zustand der Geborgenheit, des Vertrauens und der inneren Ruhe zu finden. Mit anderen Worten: Ich war auf der Suche nach meinem Glück, doch drehte mich dabei bloß im Kreis.

Es bedurfte einer Panikattacke, einer Therapie, eines Coachings und vieler Jahre der Selbstreflexion, Glaubenssatzarbeit und inneren Heilung, damit ich erkannte, dass mein Wert nicht von meinen Leistungen oder den Meinungen anderer abhängt. Nach und nach schälte ich mich wie eine Zwiebel und legte die Schichten ab, die mir nicht mehr dienten: überzogene Erwartungshaltungen, die Angst vor Ablehnung, die Angst vor dem Versagen und limitierende Glaubenssätze, mit denen ich mir selbst im Weg stand.

Nach und nach entdeckte ich all die wunderschönen Seiten an mir, die ich zuvor als selbstverständlich abgetan hatte. Ich erlaubte es mir, mal nicht nur zu *funktionieren*, sondern zu *leben*. Ich lernte es, mir Pausen zu gönnen und andere zu enttäuschen, um mich selbst nicht mehr zu enttäuschen. Ich stellte mein Glück an die erste Stelle und erkannte, dass es damit nicht nur mir besser ging, sondern auch den Menschen in meinem Umfeld, da ich ihnen plötzlich so viel mehr Liebe und Aufmerksamkeit schenken konnte.

Schließlich bemerkte ich, dass ich mit meinen Wunden nicht allein war. Vielleicht hast du auch schon Parallelen zu deiner Geschichte entdeckt? Vielleicht sogar in den konkreten Abläufen, vielleicht aber auch einfach in dem Gefühl, entwertet worden zu sein. So viele Menschen zweifeln an sich und ihrem Wert. Bei manchen liegt der Ursprung, wie bei mir, in der Kindheit. Bei anderen fanden die Verletzungen im Erwachsenenalter statt. So begegne ich regelmäßig Menschen, die sich minderwertig und verloren fühlen, weil ihr Partner oder ihre Partnerin sie belogen, betrogen oder verlassen hat. Auch spreche ich häufig mit Menschen, denen ein Job oder eine Freundschaft gekündigt wurde und deren Gedankenschleifen sich stets um die Frage drehen, was sie falsch gemacht haben und weshalb sie nicht genügen.

Zahlreiche dieser Menschen strahlen ihr Licht wie eine Sonne auf andere ab, und wie die Sonne laufen sie Gefahr, dabei selbst zu verglühen. Andere stellen ihr Licht unter den Scheffel, so als würde man ein gläsernes Gefäß über eine Kerze stülpen, bis der Mangel an Sauerstoff dazu führt, dass sie erlischt.

Neben einem verletzten Selbstwertgefühl gibt es unzählige weitere Gründe, weshalb Menschen nicht für sich und ihr Glück losgehen. Stattdessen führen sie ein Leben unterhalb ihres Potenzials. Bei manchen sind es widerspenstige Persönlichkeitsanteile, die sie blockieren und den Weg ihrer Träume versperren. Bei anderen ist es ein tief verankerter Pessimismus, der die Welt grau einfärbt und den gedanklichen Fokus auf Probleme, Hürden und Mängel richtet. Und schließlich gibt es Menschen, die gar nicht genau wissen, was ihnen fehlt und worin ihr Unglücklichsein begründet ist, und die dennoch keinen Zugang zu Leichtigkeit, Freude und Optimismus finden.

Meine Arbeit und mein Sein widme ich all diesen Menschen.

Meine Vision ist es, dass jeder Mensch seinen eigenen Wert erkennt und für das eigene Lebensglück losgeht.

Ich bin fest davon überzeugt, dass in uns allen so viel Kraft, Mut, Stärke, Zartheit, Schönheit und Liebe schlummern, die nur darauf warten, dass wir sie zulassen. Sie warten darauf, gezeigt zu werden. Sie warten darauf, dass du, dass ich, dass wir alle es uns erlauben, uns so zu zeigen, wie wir im Herzen bereits sind, und für uns und unsere Träume loszuziehen.

Doch wie schaffen wir es, uns nicht bloß rationale Argumente dafür zurechtzulegen, dass wir wertvoll sind und Glück verdienen, sondern es auch wirklich zu fühlen? Wie schaffen wir es, unsere Ängste, Zweifel und Blockaden loszulassen und voller Kraft, Freude und Motivation den Weg unseres Herzens zu gehen?

Die Antworten auf diese Fragen findest du in diesem Buch. Wir tauchen tief in unsere Gedankenwelt ein, decken negative Glaubenssätze auf und erschaffen neue, positive und kraftvolle Glaubenssätze. Wir machen uns Neuroplastizität zunutze – also die wundervolle Fähigkeit unseres Gehirns, seinen Aufbau und seine Funktion fortlaufend zu verändern –, um negative Denkmuster zu durchbrechen und den Gedanken eine positive Richtung zu geben. Ich zeige dir, wie du den Mut aufbringst, wie eine Lotusblüte aus dem Schlamm von Ängsten, Zweifeln und negativen Gedanken herauszuwachsen und dich in deiner wunderschönen Vielschichtigkeit zu entfalten. Mithilfe fundierter Methoden und dem akkumulierten Wissen aus meinem Coaching-Alltag helfe ich dir, das Leben zu gestalten, das dich vor Freude erstrahlen lässt.

ERKENNE, WIE ES UM DEIN LEBENSGLÜCK STEHT

Wie finden wir einen Weg zu einem erfüllten Leben? – Vor einigen Wochen war ich mit meinem Freund in Paris, und obwohl ich bereits in Hamburg, Köln und Tokio gelebt habe, überfordern mich Großstädte immer wieder. Es sind nicht die Menschen und die vielen Eindrücke. Ich liebe diese Lebendigkeit, den kulturellen Reichtum und das vielseitige kulinarische Angebot. Ich liebe es, dass in einer U-Bahn eine kubanische Folklore-Band auftritt und in der nächsten jemand mit pinkfarbenen Haaren an der Stange tanzt. Was mich jedes Mal an Städten überfordert, ist, mich geografisch in ihnen zurechtzufinden. Mein Orientierungssinn ist eine Katastrophe, und wenn ich aus dem Bauch heraus über den Weg entscheide, ist dieser mit 99-prozentiger Wahrscheinlichkeit falsch. Das hat in einigen Fällen dazu geführt, dass ich wunderbare Orte jenseits der Touristen-Hotspots entdeckte. Wie sagt man so schön: Umwege erweitern die Ortskenntnis. In anderen Fällen hat es dazu geführt, dass ich mich in Tram-Netzen so sehr verzettelte, dass ich Züge in die falsche Richtung genommen und sogar mal einen Flug verpasst habe.

Glücklicherweise gibt es Navigations-Apps – in meinen Augen die beste Erfindung seit der Entdeckung des Feuers. Um mit einer solchen App zum

Ziel zu kommen, benötigt man nur zwei Eingaben. Zum einen müssen wir natürlich das Ziel kennen. Das ist klar, denn wenn wir nicht wissen, wo es hingehen soll, dann können wir auch niemals ankommen. Doch damit die App unsere Route berechnen kann, braucht sie noch etwas: unseren aktuellen Standort.

Nun ist es so, dass Google Maps, Apple Maps und Co. ziemlich smart sind. Auch wenn du selbst noch nicht einmal weißt, wo du gerade stehst, finden sie deinen aktuellen Standort – und los geht's. Die moderne Technik nimmt uns so nicht nur eine Menge Arbeit ab, sondern präsentiert uns auch direkt den mutmaßlich besten Weg, ohne Umwege, Staus und nervige Baustellen.

Wenn es um unseren Weg in ein glückliches und erfülltes Leben geht, ist es leider nicht ganz so einfach. Auch hier ist die unabdingbare Grundlage, dass wir uns über unsere aktuelle Lage bewusst werden und ein Gefühl für unsere Bedürfnisse, Wünsche und Träume, aber auch für unsere Ängste, Blockaden und Hürden entwickeln. Denn nur wenn wir wissen, wer wir sind und wer wir sein wollen, nur wenn wir ein Leben führen, das unseren Werten und Prinzipien entspricht, und nur wenn wir unseren Sehnsüchten Raum geben und im Alltag unser authentisches Ich ausleben, können wir wahrhaftig und dauerhaft glücklich sein.

Das Eingabefeld »Startpunkt« lässt sich in diesem Fall allerdings nicht auf Knopfdruck als »Mein Standort« bestimmen. Hierfür bedarf es vielmehr einer aktiven und tiefgreifenden Reflexion. In einer Welt, in der wir vieles, was wir wollen, mit wenigen Klicks und wenig Aufwand bekommen, könnte das zunächst nicht besonders reizvoll klingen. Das mag auch einer der Gründe dafür sein, warum so viele Menschen ein Leben unterhalb ihres Potenzials führen und sich zwar ganz okay, aber auch nicht wirklich glücklich fühlen. Doch das muss nicht sein. Du kannst nicht nur ein Leben erschaffen, das deinem Potenzial, deinen Stärken, Werten und Bedürfnissen entspricht, sondern auch eines, das voll und ganz deinem Herzen entspringt. Denn du verdienst es, dich nicht nur ganz okay, sondern richtig glücklich zu fühlen.

Du verdienst ein Leben, das dich morgens aus dem Bett springen lässt, weil du es gar nicht erwarten kannst, für dich und deine Träume loszugehen.

Wenn du also bereit dazu bist, dich deinem Innenleben zu öffnen und ein paar Schräubchen an deinen persönlichen Denk- und Verhaltensmustern zu drehen, dann erhältst du eine Belohnung, die ihresgleichen sucht. Aus diesem Grund möchte ich dich dazu einladen, zunächst deinen aktuellen Standort zu bestimmen und zu schauen, wie es um dein persönliches Lebensglück bestellt ist. Im Anschluss werden wir den Blick von der Gegenwart in die Zukunft richten und ins Fantasieren kommen, wenn du dir dein Wunschleben gedanklich ausmalst. Danach leiten wir attraktive und realistische Ziele ab und kommen in die Umsetzung, sodass du deine Vision Schritt für Schritt zur Wirklichkeit machst. Bevor wir jedoch loslegen, erst noch ein kleiner Ausflug in die Hintergründe des Lebensglücks.

WORAUF ES BEIM LEBENSGLÜCK ANKOMMT

Wie glücklich wir uns fühlen, hängt von drei Komponenten ab, die ich dir nachfolgend vorstellen möchte.

1. Genetische Veranlagung

Du kannst dir das mit dem Lebensglück gewissermaßen wie eine Skala vorstellen: Unsere genetische Veranlagung gibt uns einen Rahmen vor, in dem wir uns bewegen. Manche Menschen werden eher mit einem optimistischen und positiven Gemüt geboren, können sich mehr über schöne Erlebnisse freuen und nach Niederschlägen schneller wieder aufstehen. Anderen fällt es schwerer, positiv zu denken. Sie sehen eher die Schwierigkeiten und Probleme und sind weniger resilient gegenüber Stress und Herausforderungen.

Allerdings bedeutet das nicht, dass unsere genetische Veranlagung unser Schicksal bestimmt. Denn auch unsere innere Einstellung und die Art und Weise, wie wir denken und handeln, haben einen erheblichen Einfluss auf unser Glücksempfinden.

2. Innere Einstellung

Schließlich sind es unsere Gedanken, die darüber entscheiden, wo wir uns in unserem vorgegebenen Glücksrahmen bewegen – am unteren oder oberen Ende.

Wir denken den ganzen Tag, wobei ein Großteil unserer Gedanken unbewusst ist. Besonders deutlich wird das, wenn wir versuchen zu meditieren oder nach einem stressigen Tag einzuschlafen. Unser Gehirn ist so unglaublich kreativ, dass es ausgerechnet, wenn es mal nicht denken soll, vom Hölzchen aufs Stöckchen kommt.

Das kann beim Meditieren beispielsweise folgendermaßen aussehen: »Einatmen … Ausatmen … Einatmen … Oh, ein Hundebellen … Ich muss unbedingt neues Hundefutter einkaufen … Und Milch brauchen wir auch wieder … Das hab ich erst gar nicht bemerkt, weil Julius ständig die leere Packung in den Schrank zurückstellt … Das ist aber auch wirklich eine seltsame Marotte … Ich frage mich, woher er die hat … Bestimmt von seinem Vater … Ach, Mist, ich bin ja schon wieder abgeschweift … War ja klar, dass das hier nicht klappt … So eine Zeitverschwendung, obwohl ich so viel zu tun habe … Meditieren ist einfach nichts für mich …«

Wenn wir ohnehin den ganzen Tag denken, dann sollten es doch wenigstens positive Gedanken sein.

Es liegt daher in deiner Hand – beziehungsweise in deinem Kopf –, mit wie viel Leichtigkeit, Freude und Optimismus du dich durch den Dschungel deines Lebens navigierst. Schließlich lässt sich glückliches Denken trainieren und genau das werden wir hier tun.

3. Äußere Faktoren

Äußere Faktoren haben übrigens den kleinsten Einfluss auf unser Lebensglück, und obwohl es eine alte Kiste ist, dass Konsum langfristig nicht glücklich macht, beobachte ich immer wieder, dass sich Menschen glücklich kaufen wollen. Wir tappen allerdings nicht nur in eine gefährliche Falle, wenn wir das Glück in einem schicken Auto, einem neuen Kleidungsstück oder teuren Schmuck vermuten.

Ebenso verhängnisvoll ist es, von montags bis freitags dem Wochenende entgegenzufiebern oder den Sommerurlaub als einzigen Lichtblick zu betrachten. Zum einen sollten wir nicht einen Großteil unserer Lebenszeit absitzen, um einen verschwindend geringen Anteil unserer Zeit den Dingen nachzugehen, die uns Freude bereiten. Dazu ist unsere Lebenszeit viel zu kostbar. Zum anderen nehmen wir uns selbst immer mit – egal, ob nach Rügen oder Timbuktu. Wenn wir also dazu neigen, eher das Schlechte zu sehen, und unsere innere Meckerstimme uns den schönen Strandtag vermiest, weil sie uns weismachen will, dass alle anderen in ihren Badesachen besser aussehen als wir selbst, bringt uns das auch nicht weiter. Wir können nicht vor unseren Gedanken fliehen. Und das müssen wir auch nicht, wenn wir lernen, sie zu koordinieren, bewusst Dankbarkeit und Achtsamkeit zu praktizieren und unseren Fokus auf die Fülle in unserem Leben zu richten.

DER UNTERSCHIED ZWISCHEN ECHTEM OPTIMISMUS UND TOXISCHER POSITIVITÄT

Vielleicht gingen bei dir die Alarmglocken an, als ich im Rahmen der zweiten Komponente dafür plädierte, die eigenen Gedanken zu trainieren. Doch keine Sorge: Ich bin keine Verfechterin eines bedingungslosen Selbstoptimierungswahns und hierbei geht es auch nicht um toxische Positivität. Wir wollen keinen Kackhaufen rosa anmalen, mit bunten Streuseln versehen und so tun, als wäre er ein Cupcake. Bei einer positiven Grundeinstellung ist Raum für Ehrlichkeit, und wenn das Leben gerade mal bescheiden läuft, dann dürfen wir das sagen. Doch was wir auch tun dürfen, ist, unseren Fokus umzulenken, und zwar auf all die Dinge, die nicht bescheiden laufen.

Es stellt sich daher die Frage, wann wir einen gesunden Optimismus an den Tag legen und wann wir in die Falle der toxischen Positivität treten. Um den Unterschied zu verdeutlichen, ziehe ich ein Beispiel zu Hilfe: Stell dir vor, dein Partner beziehungsweise deine Partnerin hat dich verlassen.

Eine negative Einstellung zu dieser Situation wäre, dass du dir selbst die alleinige Schuld dafür gibst und die Selbstzweifel in deinem Kopf hervorsprießen wie Unkraut in einem feucht-heißen Sommer:

- »Was wäre, wenn ich etwas mehr so gewesen wäre, wie mein Gegenüber mich gerne gehabt hätte?«
- »Was ist, wenn ich nie wieder so einen tollen Menschen kennenlerne und als einsame Katzenlady oder mürrischer alter Kauz sterbe?«
- »Was passiert, wenn ich mich nie wieder für die Liebe öffnen kann, weil ich ab jetzt immer Angst habe, die andere Person wieder zu verlieren?«
- »Warum bin ich eigentlich nie gut genug?«
- »Vielleicht habe ich es gar nicht verdient, eine glückliche Beziehung zu führen …«

Das krasse Kontrastprogramm stellt die toxische Positivität dar. Hierbei unterdrückst du deine wahren Gefühle und gibst Traurigkeit, Wut und

Enttäuschung keinen Raum. Vielleicht redest du dir die Trennung sogar schön, indem du dir deine ehemalige Beziehung und deinen früheren Partner oder deine frühere Partnerin schlechtredest:

- »Der Blödmann / diese blöde Kuh hat mich sowieso nicht geliebt. Zum Glück hat diese Zeitverschwendung jetzt ein Ende.«
- »Ach, ich fühle mich ja so befreit! Endlich habe ich mehr Platz im Bett und muss abends nicht mehr darüber diskutieren, welchen Film wir gucken.«
- »Eigentlich brauche ich gar niemanden. Das Konzept der klassischen Zweierbeziehung ist eh voll überholt!«

Wie kann also ein gesunder Mittelweg im Sinne einer positiven Grundeinstellung aussehen?

Indem alle Gefühle ihren Raum bekommen und wir gleichzeitig nicht in Selbstmitleid baden gehen. Indem wir unsere Fehler wie erwachsene Menschen reflektieren, ohne uns niederzumachen. Indem wir negative Gedanken zulassen, ohne uns in ihnen zu verlieren. Und indem wir schließlich den Mut fassen, wieder für uns loszugehen und das Beste aus der Situation zu machen.

DIE ACHT BEREICHE EINES GLÜCKLICHEN UND ERFÜLLTEN LEBENS

Nachdem wir geklärt haben, aus welchen Komponenten sich das persönliche Glücksempfinden zusammensetzt, und eine klare Grenze zwischen echtem Optimismus und toxischer Positivität gezogen haben, kommen wir zurück zu deiner Standortbestimmung.

Im Rahmen meiner Tätigkeit als Coach ermittelte ich acht elementare Lebensbereiche, die den größten Einfluss auf unser Lebensglück haben und sich somit optimal als Reflexionsgrundlage für deine Standortbestimmung eignen. Um zu schauen, wie es dir in deinem aktuellen Leben tatsächlich und tief im

Inneren geht und um dadurch das Fundament für deinen Weg in ein glückliches und erfülltes Leben zu legen, betrachten wir diese Bereiche nun genauer.

1. Geistiges Wohlbefinden

Bei der individuellen Standortbestimmung ist einer der wichtigsten Bereiche das eigene Denken. Hier schauen wir darauf, wie deine Gedanken im Alltag gestrickt sind. Sind sie freudig bunt oder eher grau in grau? Siehst du eher die Lösungen oder die Probleme? Bist du gedanklich in der Gegenwart verankert und kannst den Moment genießen oder grübelst du häufig über vergangene Fehler und zukünftige Aufgaben nach?

2. Körperliches Wohlbefinden

Auch das körperliche Wohlbefinden stellt einen elementaren Bereich dar, den es zu betrachten lohnt. Dass Körper und Geist in einem ständigen Austausch stehen, ist nichts Neues; und dass unsere physische Gesundheit einen erheblichen Einfluss auf unser Wohlbefinden hat, ist ein alter Schuh. Dies ist übrigens keine Einbahnstraße, sondern gilt auch umgekehrt: Aus diesem Grund beschäftigt sich beispielsweise die Psychokardiologie – ein relativ neuer Zweig der Herzmedizin – mit der Verbindung zwischen dem Herzen und der Seele und konnte belegen, dass Herzen bei großem Liebeskummer tatsächlich »brechen« können. Man spricht dann vom Broken-Heart-Syndrom.

3. Liebesleben

Darüber hinaus empfehle ich stets, das eigene soziale Umfeld anzuschauen und mit der Zufriedenheit im Liebesleben zu beginnen. Hierbei geht es nicht darum, dass du dein Glück einzig und allein daran festmachst, ob du deinen Traumprinzen oder deine Traumprinzessin bereits gefunden hast.

Denn wenn wir das täten, würden wir unser Glück – ähnlich wie bei materiellem Konsum – im Außen suchen. Das führt zur Wenn-dann-Falle, wie sie im Coaching-Kontext gerne bezeichnet wird: »Wenn ich meine bessere Hälfte finde und mein Happy End kreiere … dann bin ich glücklich.« Vielmehr geht es in diesem Bereich darum, welches Licht du auf dein Liebesleben wirfst, inwieweit du deine Bedürfnisse darin befriedigen, gesunde Grenzen setzen und dein authentisches Ich leben kannst.

4. Familiäre Beziehungen

Selbstverständlich haben auch unsere familiären Verbindungen einen Einfluss darauf, wie glücklich wir uns fühlen. Dabei unterscheide ich zwischen der Herkunfts- und der Gegenwartsfamilie. Zur Herkunftsfamilie gehören die Familienangehörigen, die wir bereits in unserer Kindheit kannten, insbesondere unsere Eltern. Auch Geschwister, Großeltern, Tanten und Onkel gehören dazu. Zur Gegenwartsfamilie zählen – falls vorhanden – der Partner beziehungsweise die Partnerin sowie eigene Kinder.

5. Freundschaften

Weitere soziale Verbindungen entscheiden darüber, wie es uns in unserem Leben ergeht. Hierzu gehört der eigene Freundeskreis, aber unter Umständen auch das Team auf der Arbeit oder ein Sportverein. Auch das Nichtvorhandensein weiterer sozialer Kontakte kann einen maßgeblichen Einfluss auf die eigene Zufriedenheit haben.

6. Erfolg und Finanzen

Dass sich das Lebensglück nicht hinter materiellen Reichtümern verbirgt, haben wir bereits geklärt. Dennoch hat der eigene Job beziehungsweise eine

Ausbildung, ein Studium oder eine andere Beschäftigung einen großen Einfluss auf unser Glücksempfinden – allein schon, weil viele Menschen 20 bis 60 Stunden pro Woche mit der Arbeit verbringen. Hier stellt sich die Frage, wie wertgeschätzt du dich in deiner beruflichen, akademischen oder ehrenamtlichen Rolle fühlst und wie zufrieden du mit deiner finanziellen und emotionalen Vergütung bist.

7. Freizeit, Spaß und Genuss

Auch wenn insbesondere dieser Bereich von unterschiedlichen Menschen unterschiedlich stark gewichtet wird, ist er nicht zu vernachlässigen. Hier stellt sich die Frage, wie oft wir uns Erholung und Entspannung gönnen und wie häufig wir aus vollem Herzen lachen. Ebenso dürfen wir einen Blick auf die Frage werfen, ob Genuss für uns ein Fremdwort oder ein fester Bestandteil der Tagesordnung ist.

8. Selbstverwirklichung

Zu guter Letzt lohnt es sich, darüber zu reflektieren, inwieweit du einen Sinn hinter deinen täglichen Verpflichtungen erkennst und Dinge tun kannst, die dich mit Freude erfüllen und dich gleichzeitig als Persönlichkeit wachsen lassen. Gemeinsam schauen wir, ob deine wiederkehrenden Aufgaben dich unter- oder überfordern oder dich – idealerweise – in einem gesunden Maß beanspruchen und ob du den Eindruck hast, einen wertvollen Beitrag für dein Umfeld zu leisten.

STANDORTBESTIMMUNG: WIE STEHT ES UM DEIN LEBENSGLÜCK?

Nun bist du dran. Auf den folgenden Seiten findest du für die acht Lebensbereiche jeweils einen Fragebogen, der dir dabei hilft, dein Lebensglück in diesem Bereich einzuschätzen.

Um deinen Standort zu bestimmen, beantworte die folgenden Fragen so ehrlich wie möglich. Dein Ergebnis wird dir zeigen, in welchen Bereichen es dir schon richtig gut geht und in welchen Bereichen dein Leben noch Potenzial bietet. Umkreise hierzu die Zahlen der passenden Antworten, schreibe die Zahl jeweils in die rechte Spalte (»Punktzahl«) und berechne anschließend die Summe der Punkte aus all deinen Antworten. Pro Bereich kannst du minimal 0 und maximal 100 Punkte erreichen. Unsere gemeinsame Auswertung folgt im Anschluss an die Fragebögen.

Tipps für deine Standortbestimmung

Bevor du loslegst, habe ich noch ein paar Tipps für dich, die dir beim Ausfüllen der folgenden Fragebögen helfen können.

1. Nimm dir Zeit: Schaue dir die folgenden Seiten in Ruhe an.
2. Schaffe eine passende Umgebung: Es kann hilfreich sein, deine Reflexion an einem ruhigen Ort durchzuführen. Vielleicht ist dieser Ort für dich zu Hause oder in der Natur.
3. Sei ehrlich zu dir selbst: Die nachfolgenden Fragen sind für deine Selbstreflexion bestimmt und du musst dich vor niemandem für deine Antworten rechtfertigen. Das Ziel ist es, dass du dich selbst besser verstehst, auch wenn dir nicht alle Erkenntnisse gefallen.
4. Vertraue deiner Intuition: Die ersten Gedanken, die uns zu einem Sachverhalt kommen, sind häufig die authentischsten. Wenn du dir unschlüssig bist, empfehle ich dir, deinem erstem Gefühl zu vertrauen.

Und nun kann es losgehen. Bist du bereit?

1. Geistiges Wohlbefinden

Zunächst wollen wir uns anschauen, welche Farbe deine Gedanken haben. Versuche die Fragen so intuitiv wie möglich zu beantworten und setze dich dabei nicht unter Druck. Es gibt hier kein richtiges oder falsches Ergebnis. Uns geht es um eine Annäherung an deine Art zu denken und darum, dass du deinen Zugang zu deiner Gedankenwelt stärkst.

	Trifft voll und ganz zu	Trifft überwiegend zu	Trifft teilweise zu	Trifft eher nicht zu	Trifft überhaupt nicht zu	Punktzahl
Ich habe meistens positive Gedanken und sehe eher das Gute als das Schlechte.	**10**	**8**	**5**	**2**	**0**	
Ich bin mit meinen Gedanken meistens präsent im Hier und Jetzt.	**10**	**8**	**5**	**2**	**0**	
Mich plagen häufig Selbstzweifel und Sorgen.	**0**	**2**	**5**	**8**	**10**	
Es fällt mir in der Regel leicht, Entscheidungen zu treffen.	**10**	**8**	**5**	**2**	**0**	
Ich kann schwer abschalten.	**0**	**2**	**5**	**8**	**10**	

	Trifft voll und ganz zu	Trifft überwiegend zu	Trifft teilweise zu	Trifft eher nicht zu	Trifft überhaupt nicht zu	Punktzahl
Ich fühle mich häufig gestresst und rastlos.	**0**	**2**	**5**	**8**	**10**	
Ich liebe und akzeptiere mich so, wie ich bin.	**10**	**8**	**5**	**2**	**0**	
Ich bereue Fehler lange und zermartere mir den Kopf über sie.	**0**	**2**	**5**	**8**	**10**	
Ich vergleiche mich oft mit anderen und schneide in der Regel schlechter ab.	**0**	**2**	**5**	**8**	**10**	
Ich fühle mich meistens freudig und erfüllt.	**10**	**8**	**5**	**2**	**0**	
Summe						

2. Körperliches Wohlbefinden

Als Nächstes schauen wir uns an, wie es um dein physisches Wohlbefinden steht. An dieser Stelle ein wichtiger Hinweis: Kopfschmerzen, Bauchschmerzen, innere Unruhe und andere körperliche Beschwerden können auftreten, wenn wir uns häufig Sorgen machen oder generell emotional und mental mehr auf uns achten dürfen. Sie können jedoch auch andere Ursachen haben. Solltest du eines oder mehrere dieser Symptome erkennen, empfehle ich dir, den Sachverhalt ärztlich abzuklären, um medizinische Ursachen auszuschließen.

	Trifft voll und ganz zu	Trifft überwiegend zu	Trifft teilweise zu	Trifft eher nicht zu	Trifft überhaupt nicht zu	Punktzahl
Ich habe häufig Kopfschmerzen oder Migräne.	**0**	**2**	**5**	**8**	**10**	
Ich habe häufig Bauchschmerzen oder Verdauungsprobleme.	**0**	**2**	**5**	**8**	**10**	
Ich habe einen gesunden, fitten und schmerzfreien Rücken.	**10**	**8**	**5**	**2**	**0**	
Ich schlafe gut ein und wache am nächsten Tag erholt und fit auf.	**10**	**8**	**5**	**2**	**0**	

	Trifft voll und ganz zu	Trifft überwiegend zu	Trifft teilweise zu	Trifft eher nicht zu	Trifft überhaupt nicht zu	Punktzahl
Ich fühle mich energetisch und kraftvoll.	**10**	**8**	**5**	**2**	**0**	
Ich habe oft Herzrasen und innere Unruhe.	**0**	**2**	**5**	**8**	**10**	
Ich fühle mich allgemein ungesund und nicht fit.	**0**	**2**	**5**	**8**	**10**	
Ich bin zufrieden mit meiner Ernährung und der Menge an Bewegung in meinem Alltag.	**10**	**8**	**5**	**2**	**0**	
Ich finde meine Figur sexy.	**10**	**8**	**5**	**2**	**0**	
Ich bin häufig erkältet und anfällig für Infektionen.	**0**	**2**	**5**	**8**	**10**	
Summe						

3. Liebesleben

Für diesen Bereich habe ich zwei unterschiedliche Fragenkataloge entwickelt. Wähle den Fragenkatalog, der am ehesten zu deinem aktuellen Beziehungsstatus passt.

Fragenkatalog für Menschen in Beziehungen

	Trifft voll und ganz zu	Trifft überwiegend zu	Trifft teilweise zu	Trifft eher nicht zu	Trifft überhaupt nicht zu	Punktzahl
Ich fühle mich mit meinem Beziehungsstatus zufrieden und erfüllt.	10	8	5	2	0	
Ich fühle mich in meinem Liebesleben vollkommen verstanden, respektiert und unterstützt.	10	8	5	2	0	
Ich glaube nicht daran, dass mein Partner / meine Partnerin und ich Konflikte in unserer Beziehung überwinden können.	0	2	5	8	10	
Meine Beziehung(en) ist/sind von Wärme und Nähe geprägt.	10	8	5	2	0	

	Trifft voll und ganz zu	Trifft überwiegend zu	Trifft teilweise zu	Trifft eher nicht zu	Trifft überhaupt nicht zu	Punktzahl
Ich fühle mich in meinem Liebesleben rastlos und so, als ob ich noch nicht angekommen wäre.	**0**	**2**	**5**	**8**	**10**	
Mein Liebesleben schenkt mir Leichtigkeit, Freude und Elan.	**10**	**8**	**5**	**2**	**0**	
Mein Sexualleben nehme ich als erfüllend und befriedigend wahr.	**10**	**8**	**5**	**2**	**0**	
Mein Partner / meine Partnerin und ich haben kaum gemeinsame Interessen und Ziele.	**0**	**2**	**5**	**8**	**10**	
Ich fühle mich von meinem Partner / meiner Partnerin abhängig und ihm / ihr ausgeliefert.	**0**	**2**	**5**	**8**	**10**	
Ich fühle mich oft ernüchtert und frage mich: »War das schon alles?«	**0**	**2**	**5**	**8**	**10**	
Summe						

Fragenkatalog für Singles

	Trifft voll und ganz zu	Trifft überwiegend zu	Trifft teilweise zu	Trifft eher nicht zu	Trifft überhaupt nicht zu	Punktzahl
Ich fühle mich mit meinem Beziehungsstatus zufrieden und erfüllt.	**10**	**8**	**5**	**2**	**0**	
Ich fühle mich sicher, glücklich und frei in meiner Unabhängigkeit.	**10**	**8**	**5**	**2**	**0**	
Ich fühle mich oft einsam und hätte gerne jemanden, mit dem ich mein Leben teilen kann.	**0**	**2**	**5**	**8**	**10**	
Ich finde es gut, dass ich aktuell mehr Zeit und Energie für andere Themen als eine Beziehung habe.	**10**	**8**	**5**	**2**	**0**	
Ich fühle mich in meinem Liebesleben rastlos und so, als ob ich noch nicht angekommen wäre.	**0**	**2**	**5**	**8**	**10**	

	Trifft voll und ganz zu	Trifft überwiegend zu	Trifft teilweise zu	Trifft eher nicht zu	Trifft überhaupt nicht zu	Punktzahl
Ich habe eine klare Vorstellung davon, was ich von einer potenziellen zukünftigen Beziehung erwarte.	**10**	**8**	**5**	**2**	**0**	
Mein Sexualleben nehme ich als erfüllend und befriedigend wahr.	**10**	**8**	**5**	**2**	**0**	
Ich langweile mich in meiner Freizeit und weiß nicht, was ich allein mit mir anfangen soll.	**0**	**2**	**5**	**8**	**10**	
Beim Gedanken an mein Liebesleben empfinde ich Traurigkeit und Schwere.	**0**	**2**	**5**	**8**	**10**	
Ich habe Angst, niemals jemand »Passenden« für mich zu finden.	**0**	**2**	**5**	**8**	**10**	
Summe						

4. Familiäre Beziehungen

Als Nächstes betrachten wir deine Beziehungen zu deinen Angehörigen. Hier ist es möglich, dass Diskrepanzen zwischen der Herkunfts- und der Gegenwartsfamilie bestehen, zum Beispiel wenn die Beziehung zu den eigenen Eltern angespannt ist, während sich die zu den eigenen Kindern locker und harmonisch gestaltet. In diesem Fall vertraue auf dein Gefühl und umkreise die Punktzahl, die sich im Mittel für dich passend anfühlt.

	Trifft voll und ganz zu	Trifft überwiegend zu	Trifft teilweise zu	Trifft eher nicht zu	Trifft überhaupt nicht zu	Punktzahl
Ich werde von meinen Angehörigen geliebt und geschätzt, so wie ich bin.	**10**	**8**	**5**	**2**	**0**	
Meine Grenzen werden von meiner Familie häufig missachtet und überschritten.	**0**	**2**	**5**	**8**	**10**	
Meine Bedürfnisse werden von meiner Familie stets ernst genommen und erfüllt.	**10**	**8**	**5**	**2**	**0**	
Ich fühle mich oft einsam in meinem Familiensystem.	**0**	**2**	**5**	**8**	**10**	

	Trifft voll und ganz zu	Trifft überwiegend zu	Trifft teilweise zu	Trifft eher nicht zu	Trifft überhaupt nicht zu	Punktzahl
Meine familiären Beziehungen sind von Streit und Konflikten geprägt.	0	2	5	8	10	
Familienfeiern empfinde ich als stressig und anstrengend.	0	2	5	8	10	
Familienurlaube und/oder -ausflüge finde ich erholsam und energiespendend.	10	8	5	2	0	
Mit meiner Familie verbinde ich Nähe und Wärme.	10	8	5	2	0	
Die Kommunikation in meiner Familie ist liebevoll und achtsam.	10	8	5	2	0	
Feiertage (z. B. Weihnachten) sind für mich ein Graus.	0	2	5	8	10	
Summe						

5. Freundschaften

Schließlich betrachten wir deine Freundschaften und dein soziales Umfeld als Ganzes. Auch hier gilt: Beantworte die Fragen so ehrlich und intuitiv wie möglich.

	Trifft voll und ganz zu	Trifft über-wiegend zu	Trifft teil-weise zu	Trifft eher nicht zu	Trifft überhaupt nicht zu	Punkt-zahl
Freundschaften spielen in meinem Leben eine wichtige Rolle.	**10**	**8**	**5**	**2**	**0**	
Oft überkommt mich ein Gefühl der Isola-tion.	**0**	**2**	**5**	**8**	**10**	
Ich fühle mich sozial ausgegrenzt und abgekapselt.	**0**	**2**	**5**	**8**	**10**	
Neue Menschen kennenzulernen empfinde ich als beängstigend.	**0**	**2**	**5**	**8**	**10**	
Ich denke, dass andere mich mögen und sympathisch finden.	**10**	**8**	**5**	**2**	**0**	

	Trifft voll und ganz zu	Trifft überwiegend zu	Trifft teilweise zu	Trifft eher nicht zu	Trifft überhaupt nicht zu	Punktzahl
Meine Grenzen werden in meinen Freundschaften stets respektiert und ernst genommen.	**10**	**8**	**5**	**2**	**0**	
Ich verbringe regelmäßig Zeit mit lieben Menschen.	**10**	**8**	**5**	**2**	**0**	
Meine Bedürfnisse stelle ich für Freundinnen und Freunde oft hinten an.	**0**	**2**	**5**	**8**	**10**	
Ich fühle mich auch unter Leuten leer und entkoppelt.	**0**	**2**	**5**	**8**	**10**	
Allgemein schätze ich diesen Lebensbereich als erfüllend ein.	**10**	**8**	**5**	**2**	**0**	
Summe						

6. Erfolg und Finanzen

Egal, ob du noch zur Schule gehst, studierst oder eine Ausbildung absolvierst, egal, ob du dich in einem Angestelltenverhältnis befindest, selbstständig bist, ein Ehrenamt ausübst oder Hausfrau beziehungsweise Hausmann bist: Im folgenden Fragebogen kannst du dich auf deine Art der Beschäftigung konzentrieren. Schau, wie gefördert, gefordert und wertgeschätzt du dich im beruflichen oder akademischen Alltag fühlst und wie es um deine finanzielle Situation bestellt ist.

	Trifft voll und ganz zu	Trifft überwiegend zu	Trifft teilweise zu	Trifft eher nicht zu	Trifft überhaupt nicht zu	Punktzahl
Ich erfahre im Job / in der Ausbildung / im Studium / im Haushalt Anerkennung und Lob.	**10**	**8**	**5**	**2**	**0**	
Ich fühle mich in meiner Rolle wertgeschätzt und ernst genommen.	**10**	**8**	**5**	**2**	**0**	
Ungeliebte Aufgaben geben andere häufig an mich ab.	**0**	**2**	**5**	**8**	**10**	
Ich kann mir finanziell die Dinge leisten, die ich mir wünsche.	**10**	**8**	**5**	**2**	**0**	

	Trifft voll und ganz zu	Trifft überwiegend zu	Trifft teilweise zu	Trifft eher nicht zu	Trifft überhaupt nicht zu	Punktzahl
Ich fühle mich, was meine Aufgaben und Tätigkeiten betrifft, oft demotiviert und antriebslos.	**0**	**2**	**5**	**8**	**10**	
Am Monatsende muss ich ziemlich rechnen, damit mein Konto nicht ins Minus rutscht.	**0**	**2**	**5**	**8**	**10**	
Ich bekomme häufig Ärger und schlechtes Feedback.	**0**	**2**	**5**	**8**	**10**	
Ich bin mit meiner Leistung und meinen Ergebnissen zufrieden.	**10**	**8**	**5**	**2**	**0**	
Ich fühle mich oft, als hätte ich versagt.	**0**	**2**	**5**	**8**	**10**	
Ich finde, dass meine Leistung fair vergütet wird.	**10**	**8**	**5**	**2**	**0**	
Summe						

7. Freizeit, Spaß und Genuss

Mit dem nächsten Fragebogen erhältst du die Möglichkeit, deine Zufriedenheit im Freizeitbereich genauer unter die Lupe zu nehmen. Auch hier gilt: Beantworte die Fragen so ehrlich und intuitiv wie möglich.

	Trifft voll und ganz zu	Trifft überwiegend zu	Trifft teilweise zu	Trifft eher nicht zu	Trifft überhaupt nicht zu	Punktzahl
Ich fühle mich oft gelangweilt und in meiner Freizeit unerfüllt.	**0**	**2**	**5**	**8**	**10**	
Ich verfolge Hobbys, die mir Spaß machen und Freude bereiten.	**10**	**8**	**5**	**2**	**0**	
Genuss ist für mich ein Fremdwort.	**0**	**2**	**5**	**8**	**10**	
Ich nutze meine Freizeit gut aus und fülle sie mit Dingen, die für mich von Bedeutung sind.	**10**	**8**	**5**	**2**	**0**	
Erholung hat in meinem Leben keinen Platz.	**0**	**2**	**5**	**8**	**10**	
Ich treibe regelmäßig Sport und bin aktiv.	**10**	**8**	**5**	**2**	**0**	

	Trifft voll und ganz zu	Trifft über-wiegend zu	Trifft teil-weise zu	Trifft eher nicht zu	Trifft überhaupt nicht zu	Punkt-zahl
Ich liebe es, Dinge für mich zu tun, und koste diese voll aus.	**10**	**8**	**5**	**2**	**0**	
Ich lache gerne und oft.	**10**	**8**	**5**	**2**	**0**	
Die Zeit plätschert an mir vorbei und ich nehme sie kaum wahr.	**0**	**2**	**5**	**8**	**10**	
Meine Freizeit besteht überwiegend aus Fernsehen und Social Media.	**0**	**2**	**5**	**8**	**10**	
Summe						

8. Selbstverwirklichung

Zuletzt geht es um die Sache, die im Japanischen im weitesten Sinne als »Ikigai« bezeichnet wird: dein übergeordnetes Lebensziel beziehungsweise deinen Lebenssinn und das Ausmaß, in dem du dich selbst verwirklichen und beruflich wie privat dein authentisches Selbst mit all deinen Leidenschaften und Interessen ausleben kannst. Beantworte auch diese Fragen so intuitiv und ehrlich wie möglich.

	Trifft voll und ganz zu	Trifft überwiegend zu	Trifft teilweise zu	Trifft eher nicht zu	Trifft überhaupt nicht zu	Punktzahl
Ich gehe in meinen Aufgaben voll und ganz auf.	**10**	**8**	**5**	**2**	**0**	
Meine Aufgaben langweilen und unterfordern mich.	**0**	**2**	**5**	**8**	**10**	
Ich habe das Gefühl, in dieser Welt nichts zu bewirken, und fühle mich häufig nutzlos.	**0**	**2**	**5**	**8**	**10**	
Ich grüble oft darüber nach, wie ich mich selbst verwirklichen kann, und finde keine Antworten.	**0**	**2**	**5**	**8**	**10**	

	Trifft voll und ganz zu	Trifft überwiegend zu	Trifft teilweise zu	Trifft eher nicht zu	Trifft überhaupt nicht zu	Punktzahl
Ich lerne regelmäßig neue, spannende Dinge und kann mich weiterentwickeln.	**10**	**8**	**5**	**2**	**0**	
Ich bin stolz auf das, was ich bereits erreicht habe und weiterhin erreiche.	**10**	**8**	**5**	**2**	**0**	
Ich kann meine Stärken gut einsetzen und ausbauen.	**10**	**8**	**5**	**2**	**0**	
Meine täglichen Aufgaben überfordern und stressen mich.	**0**	**2**	**5**	**8**	**10**	
Ich funktioniere oft wie in einem Hamsterrad.	**0**	**2**	**5**	**8**	**10**	
Ich leiste einen wichtigen Beitrag für diese Welt.	**10**	**8**	**5**	**2**	**0**	
Summe						

Auswertung

Die Auswertung des von mir entwickelten Glückstests ist ganz einfach, denn er ist intuitiv gestaltet: Je höher deine Punktzahl, umso höher ist deine Zufriedenheit beziehungsweise dein Glücksempfinden in dem jeweiligen Bereich.

Vielleicht knackst du in einem oder mehreren Bereichen die 80-Punkte-Marke, während die Werte in einem anderen Bereich bei unter 50 Punkten liegen. Insbesondere die niedrigen Werte geben dir Aufschluss darüber, welcher Bereich mehr Aufmerksamkeit verdient.

Allerdings sind für dein persönliches Lebensglück nicht nur die absoluten Zahlen relevant, sondern auch, wie wichtig dir die einzelnen Bereiche sind.

Ein Beispiel: Vielleicht entscheidest du dich dazu, dein Liebesleben von 70 auf 90 Punkte katapultieren zu wollen, weil es für dich außerordentlich wichtig ist, während dem Bereich Selbstverwirklichung bei 40 Punkten weniger Aufmerksamkeit zuteilwird, da er dir zum aktuellen Zeitpunkt weniger wichtig ist. Solltest du dich dafür entscheiden, ist das vollkommen in Ordnung. Gleiches gilt für jede andere Entscheidung, die du in Bezug auf deine Lebensziele und deine Zukunftsvision fällst. Es ist dein Leben, und du darfst vollkommen selbstbestimmt festlegen, was Glück für dich bedeutet.

Vielleicht überrascht dich dein Ergebnis und du hättest einen oder mehrere Bereiche ohne die vorgegebenen Fragen spontan anders eingeschätzt. Das kann möglicherweise daran liegen, dass der Fragebogen nicht sämtliche Aspekte und Eventualitäten deines Lebens berücksichtigt. Was aus meiner Erfahrung als Coach jedoch häufiger die Ursache für solche Diskrepanzen darstellt, ist die Art und Weise, wie wir denken und mit welcher Glaubenssatzbrille wir uns und unsere Umwelt wahrnehmen. Was genau ich damit meine, möchte ich anhand einer Metapher verdeutlichen. Dazu nehme ich dich mit in den Louvre.

EINEN SCHRITT ZURÜCKTRETEN

Wie bereits erwähnt, besuchte ich kürzlich mit meinem Freund die französische Hauptstadt. Nachdem wir uns einen Tag lang in Disneyland den Bauch mit rosafarbener Zuckerwatte vollgeschlagen hatten und bis zum Abwinken Achterbahn gefahren waren, durfte auch die Kultureinlage nicht fehlen. Neben anderen Attraktionen und historischen Stätten besuchten wir den Louvre: Und an dieser Stelle möchte ich dich zu einer kleinen Imaginationsübung einladen.

Folge mir in den Louvre und lass uns einen Gang mit sagenhaft großen Gemälden entlangschreiten. Stell dir vor, du trittst so nah vor eines der Kunstwerke, dass deine Nase beinahe die dick aufgetragene Farbschicht berührt. Keine Sorge! Der Alarm wird nicht ausgelöst und von den pflichtbewussten Mitarbeitern ist gerade keine Spur. Deine Augen starren geradewegs auf einen fetten schwarzen Streifen. Da ist nichts zu sehen außer diesem unendlich erscheinenden Schwarz. Was denkst du?

Ich wage die Hypothese anzustellen, dass du diesen Anblick entweder ziemlich langweilig oder etwas frustrierend findest. Wenn du jedoch ein paar Schritte zurücktrittst und das Gemälde in seiner Gänze betrachtest, erblickst du saftiges Grün und strahlend helles Gelb. Du siehst zarte Übergänge von Purpurrot bis zu Sonnenuntergangsorange. Die Komposition ist durch und durch harmonisch, und der fette schwarze Streifen, der eben noch dein Blickfeld bestimmt hat, ist in Wahrheit eine eher zarte Linie, die sich nahtlos in das Gesamtkunstwerk einfügt.

Genauso verhält es sich häufig mit unserem Blick auf unser eigenes Leben: Wir sind so sehr in unsere Angelegenheiten verwickelt, dass wir Probleme im Geiste zu riesengroßen Elefanten aufblähen und dabei den Blick für die Dinge verlieren, die richtig rundlaufen.

Mein Glückstest hilft dir dabei, einen Schritt von dem Gemälde zurückzutreten und dein Leben umfassender zu betrachten. Das ist notwendig, damit du deinen Standort möglichst genau bestimmen kannst.

Einen »Haken« gibt es jedoch: Auch wenn du die Fragen ehrlich, nach bestem Wissen und Gewissen beantwortet hast, werden deine Antworten niemals objektiv sein. Ganz im Gegenteil: Sie werden sogar enorm subjektiv eingefärbt sein. Es gehört zum Menschsein dazu, dass wir unsere Situation im Gesamtkontext unseres Lebens eingebettet betrachten und unsere bisherigen Erfahrungen einen maßgeblichen Einfluss auf unsere Bewertungen und Einschätzungen haben.

Ein bisschen verhält es sich mit unserem individuellen Blick auf unser Leben wie mit einem Bild, das vor einigen Jahren im Internet kursierte. Die Abbildung eines gestreiften Kleides sorgte für großen Wirbel, als sich Millionen von Menschen, darunter berühmte Rapper und Politiker, uneinig waren, ob es schwarz-blau oder doch eher weiß-gold gestreift sei. Farbforscher sowie andere Experten und Expertinnen debattierten lange darüber, wie es sein konnte, dass das Kleid von verschiedenen Menschen farblich gänzlich unterschiedlich aufgenommen wurde – und es gibt viele wilde Theorien, auf die ich hier nicht näher eingehen möchte. Fakt ist: Obwohl es sich um ein und dasselbe Kleid handelte, sahen die Betrachter unterschiedliche Dinge.

Im Fall des Kleides konnte das Rätsel gelöst werden: Es war in Wahrheit schwarz-blau gestreift. Im echten Leben hingegen gibt es kein Richtig oder Falsch, wenn wir unsere aktuelle Lage einschätzen. Unsere Gefühle schwingen immer mit und das ist gut so. Schließlich sind wir keine emotionslosen Roboter und auch keine mathematische Formel, die stets aufs Gleiche hinausläuft, egal, wie man sie dreht und wendet.

Wir sind gefühlsbetonte Wesen – und für unser Glück loszugehen darf daher auch eine gefühlsbetonte Angelegenheit sein.

So kann es sein, dass jemand, der gerade eine Gehaltserhöhung erhalten hat, den Bereich »Erfolg und Finanzen« positiver einschätzt als jemand, der gerade degradiert wurde – und zwar selbst dann, wenn die zweite Person noch immer mehr verdient als die erste.

Bei der persönlichen Zufriedenheit mit den einzelnen Lebensbereichen zählt jedoch nicht nur der Vergleich mit uns selbst und der Blick auf unsere bisherige Entwicklung, sondern auch der Vergleich mit anderen Menschen. Darüber hinaus spielen unsere Grundeinstellung und unsere Glaubenssätze eine wesentliche Rolle. Worauf es bei unserem Lebensglück ankommt, ist also gar nicht, wie die einzelnen Bereiche vermeintlich objektiv *sind*, sondern, wie wir sie *sehen*.

Hier schließt sich der Kreis, indem er uns zu den Komponenten führt, die für unser Lebensglück verantwortlich sind: Äußere Einflüsse haben bloß einen kleinen Einfluss auf unser Glück, während unser Denken die entscheidende Kraft ist. Aus diesem Grund tauchen wir nun tiefer in dein Denken ein und schauen, welche tief sitzenden Glaubenssätze in deinem Unterbewusstsein die Knöpfe drücken und mit welcher Glaubenssatzbrille du dein Leben und deine Umwelt betrachtest.

DECKE DEINE TIEF VERANKERTEN GLAUBENSSÄTZE AUF

»Jeder Mensch erfindet sich früher oder später eine Geschichte, die er für sein Leben hält.« Diese Aussage stammt aus dem Roman *Mein Name sei Gantenbein* von Max Frisch – und sie könnte wahrer nicht sein.

Das Geschichtenerzählen ist ein fundamentales Merkmal des menschlichen Wesens und so alt wie unsere Spezies selbst. Egal, ob in Form von Höhlenmalereien oder mündlichen Überlieferungen am knackenden Lagerfeuer, der Mensch atmet seit jeher Eindrücke und Erlebnisse ein und er atmet Geschichten aus. Durch ihre Bildsprache und Emotionalität helfen uns Geschichten dabei, uns Sachverhalte besser zu merken und Wissen weiterzugeben. Durch die Einbettung einer Idee in einen konkreten Lebenskontext helfen sie uns bei der Navigation durch unsere hochkomplexe Welt und dabei, die sozialen Herausforderungen des Alltags zu bewältigen.

Geschichten begegnen uns bereits in der Kindheit, wenn wir durch Märchen wie *Rotkäppchen* lernen, dass es gefährlich sein kann, allein unterwegs zu sein, da uns der böse Wolf schnappen könnte. Sie begleiten uns auch durch unser gesamtes Erwachsenenleben, wenn große Marken ihr Werbebudget nicht dazu nutzen, um uns ein Produkt, sondern ein Lebensgefühl zu verkaufen.

Indem nicht etwa ein Rasierer angepriesen wird, sondern die Aussicht, begehrt zu werden, wird unsere Zahlungsbereitschaft erhöht. Indem uns nicht einfach ein Smartphone angedreht wird, sondern die Möglichkeit, mit unseren Liebsten in Verbindung zu bleiben, können wir uns einreden, weniger konsumgetrieben zu agieren, wenn wir unser gerade mal einjähriges Handy gegen ein neues eintauschen. Und wenn uns Autohersteller keine technischen Details auf Fachchinesisch herunterbeten, sondern uns zeigen, wie ihr SUV uns Freiheit schenkt, kriegen wir den Gedanken nicht mehr aus dem Kopf, dass auch wir durch die unendlichen Weiten irgendeiner Steppe düsen und alle Sorgen loslassen wollen.

Bei diesem Buch handelt es sich jedoch nicht um einen Marketingratgeber, und die psychologischen Tricks, die Unternehmen anwenden, um ihre Produkte an den Mann und die Frau zu bringen, interessieren uns hier weniger. Viel spannender sind doch die Geschichten, die wir uns selbst in unserem Kopf Tag für Tag erzählen und die darüber entscheiden, ob wir uns glücklich, zuversichtlich und leicht oder unzufrieden, ängstlich und schwermütig fühlen.

Hier kommen Glaubenssätze ins Spiel. Bei Glaubenssätzen handelt es sich um tief in unserem Unterbewusstsein verankerte Annahmen und Überzeugungen über uns selbst und die Welt. Sie entstehen überwiegend in unserer frühesten Kindheit, können jedoch auch in unserer Jugend oder sogar im Erwachsenenalter ausgeprägt und verändert werden.

Glaubenssätze können den Charakter von Regeln und Zusammenhängen haben. Wenn unsere Mutter jeden Tag wie eine Wilde geputzt hat und die Wohnung erst blitzblank sein musste, bevor sie ihren müden Gliedern eine Pause gönnte, lernten wir: »Erst wenn ich fleißig war, darf ich mich ausruhen.« Oder in anderen Worten: »Erst die Arbeit, dann das Vergnügen.« Vermutlich prägen auch wir daraufhin einen fleißigen Persönlichkeitsanteil aus, der Erholung offiziell als etwas Zweitrangiges betrachtet, während wir insgeheim jedoch die Menschen beneiden, die mit ihren Verpflichtungen lockerer umgehen. Oder wir verfallen ins andere Extrem und entwickeln uns zu wahren Freigeistern, um bloß nicht zu enden wie die Generation vor uns.

Doch nicht nur unsere Eltern säen die Saat, die später über die Farbe unserer Gedanken entscheidet. Auch Geschwister, Freunde und Freundinnen, Filme, Bücher und die sozialen Medien leisten ihren Beitrag. Ich habe als Kind beispielsweise liebend gerne Zeichentrickfilme geschaut. Prinzessinnengeschichten über Aschenputtel, Schneewittchen und Dornröschen lehrten mich in meinen noch unreflektierten jungen Jahren, dass ich als Mädchen insbesondere zwei Eigenschaften mitbringen müsste: Schönheit und Liebenswürdigkeit. Denn hübsch, schlank, gutherzig und ein bisschen naiv zu sein würde dazu führen, dass auch ich später meinen Traumprinzen abbekommen würde: die Krone des weiblichen Daseins.

Was Frauen in diesen Geschichten oftmals nicht sein mussten, ist: stark, selbstsicher und zielstrebig. Dafür hatten sie schließlich ihren Prinzen, der sie aus den höchsten Türmen befreite, vor feuerspeienden Drachen beschützte und aus den Fängen bösartiger Stiefmütter löste. Wenn die Prinzessinnen ihre Zeit nicht Däumchen drehend in Türmen absaßen oder aus einem Mangel an Alternativen schlichtweg verschliefen, dann waren sie doch wenigstens mittellos und benötigten einen starken Mann an ihrer Seite, der ihnen zu finanziellem Wohlstand verhalf.

Natürlich gibt es auch Ausnahmen: In der Geschichte *Die Schöne und das Biest* oder auch im *Froschkönig* ist es nicht die Frau, die erlöst und befreit werden muss, sondern der Mann. Diese Geschichten haben es mir bloß leider damals nicht so angetan, und ich kann heute nur mutmaßen, woran es lag. Vielleicht mochte ich die Filme lieber, in denen die Frauen die schwachen Opfer waren, weil ich gerettet zu werden als Zeichen dafür betrachtete, besonders zu sein. »Wer gerettet wird, muss wertvoll sein«, so mein damaliges Denken. Und ich wollte unbedingt wertvoll sein. So erzählte ich mir in meinem Leben die Geschichte, dass ich gerettet werden muss und nur mit einem Mann vollständig sein würde.

Bestärkt wurde diese Geschichte beziehungsweise dieser Glaubenssatz in meiner Jugend. Anstelle von Zeichentrickfilmen schaute ich nun solche mit echten Hollywoodstars, doch die Botschaft war häufig dieselbe. Und noch etwas lehrten mich die Schnulzen, die in den 1990er-Jahren und den frühen 2000ern die Kinoleinwände erobert hatten: »Liebe darf nicht einfach sein. Damit sie echt ist, muss sie schwer sein.«

Kein Wunder, denn das Schema darin ist stets das gleiche: Zwei Menschen begegnen sich. Bei diesen zwei Menschen handelt es sich fast immer um eine attraktive junge Frau und einen attraktiven jungen Mann. Meistens sind sie weiß. Ab und zu sind sie auch etwas älter oder haben eine andere Hautfarbe, doch in den 1990ern war Diversität noch kein großes Thema. Schon gar nicht, wenn es um Homosexualität oder andere sexuelle Ausrichtungen ging. Die Protagonisten waren fast ausschließlich heterosexuell.

Oftmals bringt das Schicksal die zwei an denselben Ort und sie können sich anfangs nicht ausstehen. Als Zuschauer spürt man natürlich sofort die Anziehung und weiß, dass die beiden sich am Ende des Films verschlungen in den Armen liegen werden. Doch so weit sind wir noch nicht. Denn nachdem sie sich verliebt haben, geht das Drama erst richtig los. Entweder wollen sie es nicht wahrhaben, dass sich eine Romanze anbahnt, und igeln sich ein, oder sie greifen aktiv auf sämtliche Tricks der Selbstsabotage zurück und setzen die Beziehung richtig in den Sand. Schließlich kommt es zum Höhepunkt: dem großen Knall. Danach findet noch die Versöhnung statt, ein Kuss unter dem Weihnachtsbaum des Rockefeller Centers oder am Flughafen, umjubelt von Dutzenden fremder Menschen, die offensichtlich nichts anderes zu tun haben, als das vereinte Pärchen zu feiern, das sich nun straff auf das Happy End des Filmes zubewegt. Abspann.

Was niemand sieht, ist, wie bei den anfangs leidenschaftlichen Turteltauben der Alltag einkehrt und wilder Sex den Diskussionen über herumliegende Socken weicht. Wer will so was auch im Kino sehen? In der einen oder anderen Form haben wir das schließlich schon selbst erlebt.

Mittlerweile weiß ich, dass diese Storylines totaler Blödsinn sind, doch damals war das anders. Ich glaubte fest daran, dass diese *eine* große, perfekte Liebe da draußen war. Und ich glaubte, dass ich sie finden und bis ans

Ende meiner Tage nicht mehr aus dem Knutschen und Grinsen rauskommen würde, wenn ich nur ebenso perfekt, durchtrainiert, witzig und gut gekleidet wie Anne Hathaway oder Kate Hudson wäre. – So also kann ein Glaubenssatz aussehen.

Um meinen persönlichen Hollywoodfilm abzudrehen, legte ich mich richtig ins Zeug. Entweder suchte ich mir Bad Boys, bei denen das Drama vorprogrammiert war, oder ich suchte mir Good Boys und produzierte das Drama selbst. Niemand war je gut genug für mich. Ich hatte immer was zu meckern. Selbst wenn sie intelligent, witzig, gut aussehend und lieb waren, dann waren sie mir … eben zu nett!

Meinen strengen Maßstab legte ich jedoch nicht nur bei meinem Gegenüber an, sondern auch bei mir selbst. Wenn ich morgens aufstehe, sind meine Haare nun mal leider nicht perfekt gestylt, sondern wirken eher, als würde ich mit meinen Fingern in der Steckdose schlafen. So bekamen meine damaligen Partner direkt zwei Hiebe: den Druck, den ich auf sie und die Beziehung ausübte, weil ich wollte, dass sie perfekt waren, und die Enttäuschung und Unzufriedenheit über mich selbst, weil auch ich meinen Vorstellungen nicht gerecht werden konnte.

Glücklicherweise erkannte ich schließlich, dass ich mir in der Liebe selbst im Weg stand, weil ich immer wieder auf dieselben Hürden stieß, egal, mit wem ich zusammen war. Jahrelange Glaubenssatzarbeit öffnete mir die Augen für ein deutlich gesünderes Verständnis von der Liebe.

Liebe muss nicht kompliziert sein. Sie darf sich leicht anfühlen. Sie darf ganz und gar ohne Drama ablaufen.

Auch erkannte ich, dass ich kein hilfsbedürftiges Etwas bin, das eine Beziehung braucht, um sich vollständig zu fühlen. Ich weiß nun, dass ich bereits vollständig bin und mein Glück selbst in der Hand habe. Ich finde es noch immer schön, eine harmonische Beziehung zu führen, doch ich mache mich nicht mehr von ihr abhängig.

Liebeskomödien stehen übrigens weiterhin auf meiner Watchlist. Ich schaue sie gelegentlich sehr gerne, wenn ich das Bedürfnis danach habe, mich berieseln zu lassen, oder ein Mädelsabend mit Freundinnen auf dem Programm steht. Allerdings genieße ich sie nun in dem Bewusstsein, dass es sich dabei nicht um das wahre Leben oder realistische Ziele handelt, sondern ausschließlich um frei erfundene Geschichten.

Vielleicht bist auch du in deinem Leben wiederholt auf dieselbe Hürde gestoßen. Vermutlich denkst und handelst auch du stets nach einem ähnlichen Muster, sei es in der Liebe, im Job oder in anderen Lebensbereichen. In diesem Fall möchte ich dir zeigen, wie du deine versteckten Glaubenssätze aufdecken und dein Denken besser verstehen kannst, um dir bewusst zu werden, wie wertvoll du bist, und dir deinen Weg ins Glück zu ebnen.

Hierfür besprechen wir noch einmal im Detail, warum Glaubenssatzarbeit für uns alle wichtig ist, unabhängig von unserem Geschlecht, Alter, Beziehungsstatus und ähnlichen Merkmalen, die uns vermeintlich ausmachen. Danach schauen wir uns typische Anzeichen für limitierende Gedanken an, bevor wir uns an eine tiefgründige Glaubenssatzbestimmung anhand eines umfangreichen Fragenkatalogs machen. Mein Tipp für dich: Schnapp dir ein Notizheft und einen Stift oder halte die Notizen-App auf deinem Smartphone bereit, damit du all deine Glaubenssätze niederschreiben kannst, die dir während des Lesens und Reflektierens in den Sinn kommen.

WAS FÜR DICH MÖGLICH WIRD, WENN DU DEINE NEGATIVEN GLAUBENSSÄTZE AUFDECKST

Mit der vorangegangenen Geschichte habe ich verdeutlicht, welche Glaubenssätze mir in meinem Liebesleben im Weg gestanden haben und weshalb es so wichtig war, sie aufzudecken und mich von ihnen zu lösen. Doch unabhängig davon, ob auch du den falschen Versprechen kitschiger

Prinzessinnengeschichten und schnulziger Hollywoodfilme aufgesessen bist, ist die Glaubenssatzarbeit auch für dich – wie für jeden und jede von uns – von großer Relevanz. Denn aus der Gesamtheit unserer Glaubenssätze weben wir einen feinmaschigen Stoff: den Stoff, aus dem unsere Gedanken gemacht sind. Und unsere Gedanken sind letztendlich die Geschichte, die wir uns über unser Leben erzählen. Das bedeutet: Unsere Glaubenssätze bestimmen, welche Geschichte wir uns über unser Leben erzählen.

Sind wir in unserer Geschichte der Held beziehungsweise die Heldin? Gehen wir mutig für uns und unsere Ziele los und halten die Fäden unseres Glücks selbst in der Hand? Oder sind wir hilflose Opfer unserer Umstände und warten (vergeblich) auf die Erlösung aus dem Außen? Erkennen wir uns in unserer Kraft, Zartheit und Einzigartigkeit, oder verschließen wir die Augen davor, welch wunderbare Individuen wir sind?

Wenn wir uns unserer limitierenden Glaubenssätze bewusst werden, ermöglichen wir es uns, die Geschichte unseres Lebens neu zu schreiben und ab diesem Moment ganz bewusst so zu leben, wie wir es uns wünschen.

Indem wir uns darüber klar werden, was uns zurückhält und wo unsere Wahrnehmung die Wirklichkeit negativ verzerrt, fangen wir nicht nur an, unsere Vergangenheit umzudeuten, sondern bewerten auch unsere Gegenwart neu.

Als mir bewusst wurde, dass es da draußen nicht den perfekten Prinzen und die perfekte Beziehung gibt, habe ich mich von verklärten Idealbildern verabschiedet und das Bild von meinem Liebesleben nicht mehr dunkler ausgemalt, als es war. Ich betrachtete es reflektierter und positiver. Das bedeutet nicht, dass ich meine Erwartungen komplett in den Keller hinunterschraubte, um nicht enttäuscht zu werden, oder mich selbst dafür geißelte, dass ich hohe Ansprüche an ein harmonisches und gesundes Miteinander pflege. Denn auch in das gegensätzliche Extrem umzuschlagen bringt seine Tücken mit sich.

Vielmehr fand ich ein Mittelmaß, das mich dazu antrieb, aktiv für eine gesunde Beziehung zu sorgen, kompromissbereiter zu werden und mir gleichzeitig meiner Grenzen und Bedürfnisse bewusst zu werden sowie selbstsicher für sie einzustehen. Dabei achtete ich gezielt auf meine individuellen Bedürfnisse, die wahrhaftig meinem Herzen entsprangen. Endlich ließ ich mich nicht von medialen oder anderen externen Einflüssen dazu verleiten, fremde Bedürfnisse zu übernehmen und mir die Erwartungen an ein erfülltes Liebesleben von außen überstülpen zu lassen.

So schrieb ich meine Lebensgeschichte um. Ich verabschiedete mich von dem hilflosen Mädchen, das auf den Prinzen wartete, der sie endlich glücklich machen würde. Ich wurde eine Frau, die aktiv für eine prickelnde, wertschätzende und starke Beziehung losgeht. Eine Frau, die ihr Leben mit jemandem teilen *möchte* und gleichzeitig weiß, dass sie allein schon vollständig ist und einen anderen Menschen nicht zum Glücklichsein *braucht*. Seitdem klappt es mit der Liebe viel besser.

Auch du kannst das schaffen. Auch in dir wohnt der Mensch, der deinen Vorstellungen von Stärke, Selbstsicherheit, Mut, Kreativität und Leidenschaft entspricht. Und mit der nachfolgenden Glaubenssatzbestimmung und den weiteren Methoden, die dich in diesem Buch erwarten, holen wir diesen Menschen an die Oberfläche.

TYPISCHE ANZEICHEN FÜR LIMITIERENDE GLAUBENSSÄTZE

Lass uns also loslegen und deine limitierenden Glaubenssätze offenlegen. Dabei sei gesagt, dass es gar nicht so leicht ist, sich der eigenen Glaubenssätze bewusst zu werden, da wir bestimmte Vorstellungen bereits seit so vielen Jahren oder sogar Jahrzehnten mit uns herumtragen, dass wir unsere Annahmen über uns selbst und die Welt für die einzige Wahrheit halten.

Schließlich hinterfragen wir auch nicht plötzlich, ob eins plus eins wirklich zwei ergibt. Wir haben irgendwann einmal gelernt, dass das so ist – und basta. Damit hat es sich.

Genauso haben wir irgendwann, meist in unserer Kindheit, eine Erfahrung gemacht, die eine Annahme in uns entstehen ließ. Für diesen einen Moment oder dieses eine Erlebnis war unsere Annahme logisch und plausibel, und unser daraus resultierendes Verhalten war insofern passend, dass es uns beschützt beziehungsweise genützt hat. So sickerte die Annahme in unser Unterbewusstsein und seitdem haben wir sie nicht mehr hinterfragt. Wir haben vielmehr stets auf die Augenblicke geachtet, die unsere bestehende Annahme bestätigten, wodurch sie sich verhärtete. Alles, was nicht unserer Annahme entsprach, fand keine Beachtung, sondern ging im Strudel des Lebens unter.

Unsere dadurch verzerrte Wahrnehmung der Wirklichkeit hat echte Konsequenzen: indem unser Denken und unsere Einstellung in bestimmten Handlungen resultieren. Sie bestimmen darüber, was wir tun oder lassen, was wir sagen und was nicht.

Wie können wir also unsere Annahmen – und dabei ganz besonders die negativen Annahmen – über uns selbst und die Welt aufdecken und unsere Aktivitäten bewusster lenken? Wie kannst du deine tief sitzenden Glaubenssätze ans Licht holen und in deinem Leben die Version deiner selbst sein, die du sein willst und in der du dein volles Potenzial entfaltest?

Ein erster Schritt, um negative, blockierende Glaubenssätze aufzulösen und in positive, bestärkende Glaubenssätze umzuwandeln, ist, sie zunächst zu identifizieren. Die folgenden Kriterien können dir hierbei helfen.

1. Verallgemeinernde und absolute Begriffe

Bei absoluten Begriffen handelt es sich um solche, die vermeintlich absolute Wahrheiten abbilden und keine Ausnahmen zulassen, zum Beispiel »immer« oder »nie«, »alle« oder »keiner«. Durch sie wird die Welt in Schwarz-Weiß gesehen, in den ausschließlichen Kategorien von richtig oder falsch, ja oder nein. Für alle Informatik-Fans und Computer-Geeks: Eine absolute Sprache ist wie 0 oder 1, ohne Nuancen dazwischen, ohne Grautöne, Abweichungen oder Unsicherheiten. Ihr Vorkommen in unserem Denken und Sprechen stellt ein deutliches Indiz dafür dar, dass wir einem Glaubenssatz aufsitzen.

Vielleicht hast du auch schon mal gedacht, dass du »*immer alles* falsch« machst oder dass »*nie* irgendetwas klappt«? Vielleicht denkst du, dass »*alle* anderen mehr Glück haben« als du oder dass bei dir »sowieso *alles* schiefgeht«? Wenn du dich bei solchen Gedanken oder Aussagen ertappst: Schreib sie dir auf. Wir werden später darauf zurückkommen.

2. Selbst gesetzte Regeln und Vorschriften

Neben absoluten Begriffen stellen die Signalwörter »müssen« und »sollen« sichere Anzeichen für tief sitzende Glaubenssätze dar. Häufig gehen sie Hand in Hand mit der Kombination aus »wenn« und »dann«. Vielleicht hast du dir früher in der Schule oder im Studium – wie ich – selbst enormen Druck gemacht, weil du dachtest: »Ich *muss* unbedingt noch mehr lernen, denn *wenn* ich durch diese Prüfung falle, *dann* ist mein Leben im Eimer.« Oder du hast schreckliche Angst, von deinem Partner beziehungsweise deiner Partnerin verlassen zu werden, und »*musst* unbedingt abnehmen«, denn *wenn* du das nicht tust, *dann* bist du vermutlich nicht mehr attraktiv genug.

Limitierende Glaubenssätze, die den Charakter von Regeln und Vorschriften haben, sind auch dadurch zu entlarven, dass sie deinen Wert an äußeren Dingen festmachen, etwa an Anerkennung oder sozialer Zugehörigkeit. Zu erkennen, dass du ein wundervolles, einzigartiges und äußerst wertvolles Individuum bist – und das vollkommen unabhängig davon, was andere denken oder sagen –, kann ein echter Game-Changer in deinem Leben sein. Es setzt voraus, dass gerade diese Glaubenssätze aufgedeckt werden. Auch hier gilt: Wenn dir obige Aussagen bekannt vorkommen, dann schreib sie dir für später auf.

3. Selbst gesetzte Grenzen und Einschränkungen

Hast du dir auch schon mal gedacht, dass du »zu alt« bist, um noch einmal zu studieren oder eine neue Beziehung anzufangen? Hast du dich schon mal bei dem Gedanken ertappt, dass du »zu dick«, »zu dünn«, »zu forsch«, »zu ängstlich« oder »zu untalentiert« bist, um etwas zu tun, worauf du Lust hast und was dir bereits seit geraumer Zeit im Kopf herumschwirrt?

Auch dann bist du gerade auf einen limitierenden Glaubenssatz gestoßen – zumindest in den meisten Fällen. Klar, es gibt ein paar Dinge, die wirklich nicht funktionieren. Zum Beispiel wirst du mit 60 Jahren nicht mehr zu einer Ausbildung zur Bundespolizistin zugelassen. Dabei ist es vollkommen egal, wie sehr du dir das wünschst und ob du nackig Purzelbäume machst.

In den meisten Fällen setzen wir uns durch Gedanken, in denen die Partikel »zu« vorkommt, jedoch selbst Grenzen und schränken uns dadurch unnötig ein. Wenn wir uns von diesem Firlefanz befreien, entfesseln wir unser Potenzial und lösen unsere gedankliche Bremse, um wirklich für uns und unsere Träume loszugehen.

Hier gilt erneut: Wenn auch du dir schon Dinge verboten hast, weil du selbst nicht an deinen Erfolg oder zumindest die Möglichkeit des Erfolgs geglaubt hast, dann ist es nun an der Zeit, dir diese Sätze aufzuschreiben und sie später mit mir in positive Affirmationen und stärkende Gedanken zu transformieren.

4. Selbst gesetzte Verbote

Ein Mangel an Vertrauen kann nicht nur uns selbst gegenüber bestehen, sondern sich auch auf andere Menschen beziehen. Wer schon einmal im Leben verletzt wurde – also vermutlich jeder, da dieser Kelch früher oder später alle Menschen erreicht –, kann den Wunsch, einer zukünftigen Verletzung zu entgehen, bestimmt nachvollziehen. Wenn dieser Wunsch die Überhand gewinnt, kann daraus ein Gedanke wie der folgende entstehen:

»Ich darf meine Gefühle nicht zeigen, sonst werde ich verletzt.« Auch Abwandlungen sind möglich, wie »Wenn ich um Hilfe bitte, bin ich schwach« oder »Alle Männer sind Schweine und wollen nur das eine«.

Der oder die Betroffene setzt sich durch derartige Glaubenssätze das Verbot, sich anderen Menschen und der Liebe gegenüber zu öffnen, und enthält sich selbst eine der schönsten Sachen der Welt vor. Wenn auch du dir gedankliche und faktische Verbote setzt, dann schreib diese auf. Auch wenn dir beim Lesen dieser Zeilen bewusst wird, dass du eine bestimmte Gruppe von Menschen, zum Beispiel Männer oder Frauen oder Menschen einer anderen Herkunft, Hautfarbe oder Religion über einen Kamm scherst: Halte diese Erkenntnisse fest, damit wir später gemeinsam daran arbeiten können.

Durch die Auflösung derartiger Glaubenssätze tust du nicht nur dir selbst etwas Gutes, sondern auch der Gesellschaft, indem du einen Beitrag zum Abbau von Vorurteilen und Klischees leistest.

GLAUBENSSATZBESTIMMUNG: WELCHE ANNAHMEN HAST DU ÜBER DICH SELBST UND DIE WELT?

Ein paar Glaubenssätze kamen dir vielleicht bereits in den Sinn, als du dir die typischen Anzeichen von Glaubenssätzen zu Gemüte geführt hast. Um noch tiefer zu tauchen und weitere limitierende Überzeugungen dingfest zu machen, die in deinem Unterbewusstsein die Strippen ziehen, gehen wir einen Schritt weiter.

Ich lade dich zu einer Meditation ein, um deine Glaubenssätze zu identifizieren. Suche dir hierfür ein ruhiges Plätzchen, scanne den QR-Code ein, öffne »Meditation 1« und lass dich von mir mitnehmen auf eine Reise in dein tiefstes Inneres.

Beantworte im Anschluss die folgenden Fragen ganz spontan und so intuitiv wie möglich.

- Was ist aktuell deine größte Herausforderung im Leben?
- Ist dir diese Herausforderung zum ersten Mal begegnet oder hast du sie in dieser oder einer abgewandelten Form schon mal erlebt?
- Falls dir die Herausforderung bereits aus der Vergangenheit bekannt ist: Wie bist du früher damit umgegangen? Welchen Effekt hatte dein Umgang mit der Herausforderung?
- Falls dir deine aktuell größte Herausforderung zum ersten Mal begegnet ist: Welche anderen Hürden haben sich dir im Laufe deines Lebens wiederholt in den Weg gestellt?
- Wenn du an deine aktuelle große Herausforderung denkst, welche Gedanken schießen dir zuerst in den Kopf?
- Inwieweit sind deine Gedanken von absoluten Begriffen (zum Beispiel »immer«, »nie«, »alle«, »niemand«) geprägt?
- Inwieweit schränkst du dich durch deine Gedanken selbst ein, weil du dir Regeln oder Verbote setzt?
- Wenn du an deine Zukunft denkst, welche Bilder kommen dir in den Sinn?
- Inwieweit sind diese Bilder lichtvoll und positiv? Inwieweit sind sie düster und kritisch?
- Welche Annahmen über dich selbst und die Welt zeigen sich darin?
- Inwiefern sind deine Überzeugungen über dich, die Welt und die Menschen, die dich umgeben, positiv, optimistisch und vertrauensvoll? Inwiefern sind deine Annahmen negativ, pessimistisch und ängstlich?

- Wie fühlst du dich, wenn du an deine Annahmen und Überzeugungen denkst? Freudig und leicht oder traurig und schwer? Fühlst du dich eher energetisch und motiviert oder schwermütig und lustlos?
- Welche körperlichen Empfindungen hast du, wenn du an deine Annahmen über dich und die Welt denkst? Hast du Lust, aufzuspringen und mit deinen Vorhaben loszulegen, oder möchtest du dir lieber die Decke über den Kopf ziehen? Spürst du ein Kribbeln im Bauch oder fängst du an zu schwitzen? Lastet der Gedanke schwer auf deinen Schultern oder fühlst du dich beflügelt?

Unsere unbewussten Annahmen ans Licht zu holen erfordert Zeit, Geduld und den Willen, sie wirklich aufzudecken. Ich verstehe, wenn dir das Angst macht und du während der Beantwortung der Reflexionsfragen ins Stocken geraten bist. Ich habe mich früher auch oft gefragt, was wohl zutage kommt, wenn ich mich einmal ausführlich mit meinem Innenleben beschäftige. Nicht alles, was ich in oder an mir entdeckte, fand ich schön. Manche Erkenntnisse schmerzten. Andere waren mir peinlich. So spielte nicht nur Angst eine Rolle, sondern auch Scham. Dennoch bin ich froh, dass ich den Mut und die Ausdauer aufgebracht habe, mich meinen Glaubenssätzen zu widmen. Warum?

Wenn sich etwas im Innen ändert, ändert sich auch etwas im Außen.

Glaubenssätze beeinflussen unser Verhalten. Unsere Art zu denken beeinflusst unsere Art zu handeln. Auch die eigene Ausstrahlung, verbunden mit unserer Wirkung auf andere, kann eine 180-Grad-Drehung nehmen, wenn wir aus einem unruhigen, unzufriedenen und suchenden Zustand in einen gelassenen, dankbaren und vertrauenden Zustand übergehen.

Ich bin tief im Herzen davon überzeugt, dass auch du den Mut und die Ausdauer aufbringen kannst und wirst, dich besser kennenzulernen und deine negativen Glaubenssätze aufzulösen. Ich glaube fest daran, dass du dein innerstes Wesen durchdringen und das freudvolle, kreative, optimistische, vertrauensvolle und wunderbare Wesen werden kannst, das du im Kern bereits bist.

Indem du dich den obigen Reflexionsfragen gewidmet hast, bist du bereits den ersten und wichtigsten Schritt gegangen: Du bist einigen deiner tief verankerten Glaubenssätze auf die Spur gekommen. Das ist unsere Grundlage, um deine negativen Glaubenssätze später aufzulösen beziehungsweise in positive Gedanken zu transformieren.

VISUALISIERE DEIN WUNSCHLEBEN

Wir sind schon ein ganzes Stück vorangeschritten auf deiner Reise in ein Leben, in dem du für dich und deine Träume losgehst, eine positive Grundeinstellung gewinnst und deinen Alltag mit glücklichen Erlebnissen und Gedanken füllst. Du hast gelernt, worauf es beim Lebensglück ankommt, und wurdest dir im Rahmen einer Standortbestimmung darüber bewusst, wie es aktuell um dein Lebensglück bestellt ist. Auch hast du eine Reihe deiner tief sitzenden Glaubenssätze offengelegt und erkannt, welche wunderbaren Chancen sich auftun, wenn du dich von limitierenden Gedankenmustern befreist. So konntest du deine Lebensgeschichte gedanklich bereits ein Stück weit umschreiben und deine Vergangenheit und Gegenwart aus einem neuen, reflektierten Blickwinkel betrachten.

Beim Schreiben unserer Lebensgeschichte geht es jedoch nicht nur um unsere Vergangenheit und Gegenwart. Die kennen wir schließlich schon. Die Handlung ist passiert und wurde in einem säuberlich strukturierten Erzählstrang dargelegt.

Was es für eine knallige Erfolgsgeschichte obendrein braucht, ist die Zukunft. Was wäre das Leben schließlich ohne die unendliche Weite an Möglichkeiten, die noch vor uns liegen? Ohne das Prickeln des Ungewissen und ohne die Chance, von heute auf morgen eine Pirouette zu drehen und an einem gänzlich anderen Punkt weiterzumachen?

Aus diesem Grund bist du nun gefragt. Ich lade dich zu einer Imaginationsübung ein, mit der du deine Zukunft visualisieren und dir deines Wunschlebens bewusst werden kannst.

SCHREIB DEINE LEBENSGESCHICHTE NEU

Stell dir vor, du bist der Hollywoodregisseur schlechthin und alle sind heiß auf deine Filme. Du hast bereits einige Blockbuster im Kasten und zahlreiche Golden Globes für Filme gewonnen, in denen andere Menschen die Stars waren. Vielleicht hast du schon mal deinen Expartner oder deine Expartnerin zur Hauptfigur in deinem Film gemacht. Vielleicht hat sich ein Film auch nur um deinen Job oder eine andere Sache gedreht.

Doch nun ist es so weit und du drehst den Film über dich und dein zukünftiges Leben. Selbstverständlich entscheidest du nicht nur über das Drehbuch, sondern stehst als Hauptfigur auch selbst im Rampenlicht. Vielleicht ist dieser Gedanke zunächst ungewöhnlich – insbesondere, wenn du dich ansonsten stets hinter den Kulissen aufhältst. Ein bisschen Lampenfieber ist ganz normal und sollte dich nicht davon abhalten, dich aus Spaß und Neugierde auf dieses Gedankenexperiment einzulassen.

Nun findest du dich also in deiner Position als Movie-Ikone wieder. Endlich hast du es in der Hand, und nur du entscheidest, wem neben dir noch eine relevante Rolle zusteht, wer einen Nebencharakter spielt und wer komplett von der Bildfläche verschwindet. Auch entscheidest du darüber, was »in« ist und was gar nicht geht. So kannst du – wenn du das möchtest – mit veralteten Rollenbildern aufräumen, unnötige Action-Einlagen und nerviges Drama rausschneiden sowie übertriebene Romantik und lächerliche Klischees in die Tonne treten.

Dein Film wird niemals zu langwierig oder gar langweilig sein. Er lebt nicht von den knalligsten Farben und der trendigsten Musik, sondern von seinem Tiefgang und seiner Einzigartigkeit. Und die kannst nur du ihm geben.

Teleportiere dich gedanklich an ein Filmset, mit Kamerafrauen und Visagisten, mit Maskenbildnerinnen und Stuntmen. Beantworte nun die nachfolgenden Fragen.

- Wer bist du in deinem Film? Wie siehst du aus? Wie bewegst du dich? Wie sprichst du? Wie fühlst du dich und was macht dich aus?
- Wo spielt dein Film? Wo befindest du dich?
- Bist du allein oder umgeben von Menschen? Falls da andere Menschen sind, wer sind sie? Wie stehen sie zu dir und du zu ihnen?
- Wie läuft der Plot ab? Was passiert in deinem Film? Was tust du? Wie tust du es? Was löst das in dir aus?
- Was macht deinen Film noch besonders? Was darf auf keinen Fall fehlen? Welche Höhepunkte gibt es? Wann wird vorgespult und wann läuft eine Szene beinahe in Zeitlupe ab?

Ich habe diese Übung schon häufig in Einzelsitzungen mit meinen Glücksreisenden, also den Teilnehmern und Teilnehmerinnen meines Coaching-Programms »Die Glücksreise«, durchgeführt und dabei verschiedene Reaktionen erlebt. Um diese Reaktionen zu veranschaulichen, möchte ich dir die Geschichten von Sarah, Leyla und Anke erzählen.

Was nun folgt, beruht auf echten Coaching-Sitzungen, die ich im vergangenen Jahr durchgeführt habe. Die Namen der Glücksreisenden habe ich zum Schutz ihrer Person natürlich abgeändert.

ERLAUBE ES DIR, GROSS ZU TRÄUMEN

Sarah war Mitte 40, als sie sich für mein Coaching-Programm entschied. Sie war sehr belesen, kannte so ziemlich jedes Selbsthilfebuch und jeden

Lebensratgeber. Die Glücksreise war nicht der erste Kurs, den sie besuchte, um sich in ihrer Persönlichkeit weiterzuentwickeln und mehr Freude und Spaß im Leben zu empfinden. Sie berichtete, dass sie zwar rational bereits viele Techniken und Methoden kenne, aber es bei ihr bislang einfach nie Klick gemacht habe. Die hier beschriebene Sitzung war eines unserer ersten Gespräche …

Als ich Sarah bitte, sie möge jetzt geistig die Rollen als Regisseur und als Hauptfigur einnehmen, wird sie nervös. Ich bemerke es, weil sie sich vermehrt am Hals kratzt und immer wieder ihre Haare hinter die Ohren streicht. Ihre Stimme ist eine Oktave höher als noch vor wenigen Minuten, als sie meint: »Ich kann das nicht. Mir fällt einfach nichts ein.«

Um ihr die Situation zu erleichtern, bitte ich sie, sich an einen Moment in der Vergangenheit zu erinnern, wo die Lage eine andere war: »Wann gab es denn mal einen Moment in deinem Leben, in dem du einfach rumgesponnen hast? In dem du dich vielleicht Tagträumen hingegeben und dir ausgemalt hast, wie deine Zukunft aussehen kann?«

Sie überlegt, schüttelt resigniert den Kopf und überlegt weiter. »Das ist schon ewig her. Da war die Situation noch eine ganz andere und ich hatte ganz andere Möglichkeiten.«

Jetzt wird es interessant. Sarah war schon einmal in einer Lage, in der sie es sich erlaubt hat, groß zu träumen. Sie besitzt – wie jeder Mensch, davon bin ich fest überzeugt – die Fähigkeit, eine Zukunftsvision zu entwerfen und ihr ganz eigenes und individuelles Wunschleben zu visualisieren. Diese Fähigkeit ist noch da. Sie schlummert in ihr und wartet darauf, aus ihrem Dornröschenschlaf erweckt zu werden. Ich beuge mich leicht nach vorne.

»Was war damals anders?«, frage ich sie.

Sie zuckt mit den Schultern. Ich warte. Schließlich antwortet sie: »Keine Ahnung. Ich schätze, ich war jünger. Ich hatte mein Leben noch vor mir. Ich hatte nicht so viele Verpflichtungen. Ich glaube einfach nicht daran, dass sich noch etwas ändern wird …«

Und da lag der Hund begraben. Sarah erlaubte es sich nicht, ihr eigenes Drehbuch zu schreiben, weil sie Angst hatte, dass es bereits zu spät sei und sowieso nicht klappen würde. Sie schob sich selbst einen Riegel vor, als es darum ging, sich eine positive Zukunft auszumalen, und als Ausreden dienten ihr die Verpflichtungen ihres Lebens und ihr Alter – wobei sie erst Mitte 40 war. (Allerdings hätte es selbst dann, wenn sie 80 gewesen wäre, keine Rolle gespielt. Zwar sind mit steigendem Alter nicht mehr all die Dinge möglich, die in jungen Jahren möglich sind. Dafür öffnen sich dann andere Türen. Die Erlaubnis zum Träumen und Pläneschmieden besitzen wir auf jeden Fall ein Leben lang.)

In unserer weiteren Arbeit stellte sich heraus, dass eine Handvoll limitierender Glaubenssätze Sarahs Denken und Fühlen beeinflusste. Von folgenden Aussagen war Sarah damals überzeugt:

- »Bei mir klappt sowieso nie irgendwas.«
- »Ich habe schon so viel probiert und festgestellt: Ich werde eh niemals glücklich.«
- »Die Sachen, die ich bis zu meinem 40. Geburtstag nicht erreicht habe, werde ich gar nicht mehr erreichen.«

Diese Glaubenssätze führten dazu, dass Sarah anstelle der Rollen als Regisseur und Hauptfigur die Rolle der Nebenfigur einnahm. Die Vision eines freudvollen Lebens kam gar nicht erst zustande. Sarah verbrachte ihr damaliges Leben in einer passiven Warteposition, stets hoffend, dass sich eines Tages etwas änderte, und gleichzeitig fest davon überzeugt, dass dieser Tag nie kommen würde.

Obwohl die Offenlegung ihrer Glaubenssätze Sarah traurig stimmte, stellte dieser Schritt das Fundament für die folgenden Gespräche dar. Wir führten einen Realitätscheck durch und überlegten gemeinsam, inwieweit ihre Glaubenssätze der Realität entsprachen und inwieweit sie überholte und verzerrte Überzeugungen darstellten, denen es an einer Beweisgrundlage mangelte. Die folgenden Fragen halfen Sarah dabei:

- Wie kommst du auf diese Glaubenssätze, die dich blockieren und zurückhalten? Hast du Erfahrungen in deiner Kindheit oder Jugend gemacht, die erklären, warum du so denkst?

- Wann haben diese Glaubenssätze gestimmt? Welchen Zweck haben sie damals erfüllt?
- Welche Beweise gibt es für deine Glaubenssätze? Welche Gegenbeweise gibt es?
- Inwieweit sind deine Annahmen auch heute noch sinnvoll? Welchen Einfluss haben sie auf dein Denken, Fühlen und Handeln?
- Inwieweit unterstützen deine Glaubenssätze dich in deinen Vorhaben und Plänen? Inwieweit behindern sie dich?

Sarah erkannte dadurch, dass ihr damaliges Denken keiner absoluten Wahrheit entsprach, sondern dunkel eingefärbt war. Nachdem sie sich wie eine Zwiebel von diesen Schichten befreit hatte, entdeckte sie ihre Fähigkeit des Tagträumens wieder. Sie schuf sich nicht bloß eine wundervolle Zukunftsvision, sondern ging auch für ihre Vision los und setzte sie um.

Wenn es dir bei der Drehbuchübung so erging wie Sarah, kannst du dich auch fragen, welche limitierenden Gedanken dich vom Träumen abhalten. Falls du im Verlauf dieses Buches bereits eine Glaubenssatzliste verfasst hast, kannst du diese nun zur Hand nehmen und die obigen Fragen nutzen, um diese mentalen Blockaden abzubauen. Du kannst sie auch auf alle anderen Glaubenssätze anwenden, die du dir während des Lesens dieses Buches oder in einem anderen Zusammenhang notiert hast. Sie entfalten ihre Wirkung unabhängig davon, ob es sich um zukunfts-, gegenwarts- oder vergangenheitsbezogene Glaubenssätze handelt.

Nimm dir bei diesem Prozess Zeit. Glaub an dich und deinen Pfad des Wachstums und begegne dir dabei mit Selbstliebe und Geduld.

**Sich selbst besser kennenzulernen kann angsteinflößend sein.
Die eigenen Ketten zu sprengen kann kräftezehrend sein.
Und als Mensch zu wachsen kann chaotisch sein.
Doch es ist es immer wert.**

VERTRAUE AUF DEINEN WEG

Wie Sarah war auch Leyla eine Glücksreisende, mit der ich die Drehbuchübung durchführte.

Leyla war zu mir gekommen, weil sie ihr Leben als wenig befriedigend empfand. Ihrer eigenen Aussage nach hatte sie *eigentlich* genügend Gründe, um glücklich zu sein, doch die erhoffte Gefühlsregung setzte schlicht und ergreifend nicht ein. Um mit ihr gemeinsam zu erarbeiten, was sich in ihrem Alltag verändern und welche Aspekte sie für ein erfülltes Leben zusätzlich in ihr Leben holen könnte, lud ich sie dazu ein, sich als Regisseurin an den Film ihres Lebens heranzuwagen …

Ein Lächeln huscht über Leylas Lippen und geht auf mich über. Wir beide schmunzeln. Leyla, weil sie einen schönen Gedanken hat, und ich, weil die Spiegelneuronen in meinem Gehirn anspringen. Dann verfliegt Leylas Lächeln und ein Schatten legt sich über ihr Gesicht.

»Ich weiß, wie ich mein Drehbuch schreiben würde, aber das ist absurd«, sagt sie. Ihre Schultern fallen herunter und ihre eben noch kerzengerade Haltung weicht einer zusammengesunkenen Sitzposition.

Ich bitte sie, mir dennoch von ihrem Drehbuch zu erzählen, auch wenn dieses in ihren Augen aktuell absurd erscheint. Sie erzählt mir davon, dass sie am liebsten auswandern und in einem exotischen Land am Strand leben würde. Sie war schon viel auf Reisen, und als sie mir mehr darüber berichtet, strahlen ihre Augen, und ihre Euphorie erzeugt eine helle Energie.

»Allerdings …«, sagt sie weiter, und ihre Tonlage kippt, »sollte ich jetzt wirklich mal realistisch werden. Ich kann schließlich nicht mein Leben lang durch die Welt tingeln. Was mache ich dann, wenn ich alt bin? Und wenn ich noch eine Familie gründen möchte, dann muss ich mich auch sputen.«

Es fühlt sich so an, als wäre ihr inneres Kind kurz durchgeblitzt, voller Neugierde und Entdeckergeist, bevor ein pflichtbewusster Persönlichkeitsanteil mit erhobenem Zeigefinger die Führung zurückforderte.

»Möchtest du denn eine Familie gründen?«, frage ich sie und treffe offensichtlich einen Nerv.

»Ich weiß es einfach nicht«, gibt sie ehrlich zu. Ich habe den Eindruck, dass sie diesen Satz zum ersten Mal laut ausspricht. »Sollte ich nicht Kinder wollen? Das gehört doch irgendwie zum Leben dazu. Und ich habe Angst, es zu bereuen, wenn ich keine bekomme und es dann einfach zu spät ist …«

Die Kinderwunschfrage ist eine, die insbesondere viele meiner weiblichen Glücksreisenden stark beschäftigt. Aus meiner Erfahrung heraus gibt es dafür zwei elementare Gründe.

Zum einen ist die Entscheidung für oder gegen ein Leben mit Kindern eine lebensverändernde Entscheidung, die alle Bereiche des eigenen Daseins beeinflusst. Was diese Entscheidung besonders schwer macht, ist, dass es keinen wirklichen Mittelweg gibt. Anders als etwa bei Entscheidungen über den weiteren beruflichen Weg. Wenn ich zum Beispiel eine Festanstellung habe und darüber nachdenke, mich selbstständig zu machen, kann ich auch in Teilzeit wechseln und mir mein eigenes Business nebenbei aufbauen. Bei einem Kind gibt es jedoch keine halben Sachen. Das gibt es nur ganz oder gar nicht.

Zum anderen spielt beim weiblichen Geschlecht die biologische Uhr eine wesentliche Rolle – zumindest für alle, die sich ein leibliches Kind wünschen. Die Zeitkomponente übt enormen Druck aus, insbesondere, weil die beste Zeit zum Kinderkriegen auch jene ist, die sich besonders gut für den Aufbau einer erfolgreichen Karriere eignet.

Doch es sind nicht bloß diese rationalen Überlegungen, die bei der Kinderwunschfrage eine Rolle spielen. In diesem Bereich spielen ganz große Gefühle eine Rolle – und zudem wimmelt es nur so vor Glaubenssätzen.

Seit unserer frühesten Kindheit wurden wir mit mehr oder weniger klassischen Familienbildern konfrontiert – schließlich sind wir alle die Kinder unserer Eltern. Unsere allerersten Bezugspersonen, die für einen Großteil unserer tief verankerten Prägungen zuständig sind, haben uns das vorgelebt, was für viele als »normal« gilt: ein Leben mit Kindern. Und selbst wenn man nicht bei den leiblichen Eltern aufgewachsen ist, sondern bei anderen Familienmitgliedern oder in einer Adoptivfamilie, machten Menschen mit Kindern vermutlich einen erheblichen Anteil der Personen aus, die wir in unseren jüngsten Jahren kennenlernten.

Wenn ich mich an meine Kindheit zurückerinnere, bemerke ich jedes Mal mit Erstaunen, dass auch die Freunde meiner Eltern fast alle Kinder hatten und haben. Zum einen stand die Kinderfrage in der damaligen Gesellschaft noch nicht wirklich zur Debatte. Zum anderen haben sich meine Eltern – verständlicherweise – Gleichgesinnte gesucht. Diese Gleichgesinnten teilten ihre Interessen und Probleme, und während sie sich darüber austauschten, konnten die Kleinen spielen.

Erst im Erwachsenenalter lernte ich eine Reihe lebensfroher, glücklicher Menschen kennen, die sich bewusst für ein Leben ohne Kinder entschieden hatten und andere Lebenskonzepte als das klassische Familienbild verfolgten. Anfangs ertappte ich mich bei Fragen wie »Wollten sie Kinder und es hat nicht geklappt?« oder »Ob sie wirklich glücklich sind oder nur so tun?«. Mittlerweile finde ich diese Gedanken absurd, da sie bedeuten würden, dass das eigene Lebensglück einzig und allein von der Fortpflanzung abhängt. Zu erkennen, dass dem nicht so ist und das Lebensglück so wundervoll einzigartig wie jeder Mensch auf diesem Planeten ist, nimmt nicht nur Druck aus dem Thema, sondern eröffnet einen bunten Horizont an Möglichkeiten.

Auch dürfen wir nicht vergessen, dass sich manche Menschen Kinder wünschen, es jedoch einfach nicht klappt. Manche haben noch nicht den richtigen Gegenpart gefunden, mit dem sie das Projekt Familienplanung angehen wollen, bei anderen stehen biologische Hürden davor.

Wie können wir also mit diesem Thema umgehen? Evolutionär gesehen ergibt der Kinderwunsch natürlich sehr viel Sinn, um für den Fortbestand unserer Art zu sorgen, doch inzwischen hat sich diese Frage zu einer emotionsgeladenen Moraldebatte entwickelt. Zu solchen extremen Positionen gehört ein Nein zu Kindern aus Gründen des Klimaschutzes ebenso wie das Egoismus-Argument (mit dem sich übrigens beide Entscheidungen infrage stellen ließen).

Ob ein Kinderwunsch oder jede andere große Lebensentscheidung deinem Herzen entspringt, kannst letztendlich nur du herausfinden. Dieser Prozess braucht Zeit. Die folgenden Fragen können dir bei deiner Reflexion helfen:

- Wenn ich mich von den Erwartungen meiner Eltern, meines Partners / meiner Partnerin und der Gesellschaft löse, was wünsche ich mir tief im Herzen?
- Wenn ich an die Kinderthematik (oder ein anderes für mich zentrales Thema) denke, wie fühlt sich das für mich an? Welche körperlichen Empfindungen habe ich dabei? Kann ich frei atmen oder fühle ich mich beklemmt? Fängt mein Herz an, vor Freude zu springen, oder setzt es eine Runde aus? Ist mein Magen flau oder voller Schmetterlinge?
- Welche alternativen Möglichkeiten stehen mir offen? Wie fühlen sich diese an?
- Welches Leben habe ich mir als mein fünfjähriges Ich gewünscht? Auf welches Leben möchte ich als mein achtzigjähriges Ich zurückblicken?

Insbesondere die letzten beiden Fragen haben es in sich, da wir als kleine Kinder häufig furchtloser sind und unbedarft der Freude folgen. Und vielleicht hilft uns der Blick in den Rückspiegel unseres Lebens dabei, die Angelegenheiten aus einer anderen Perspektive zu betrachten und unseren Blick zu weiten.

Kommen wir noch einmal zurück zu Leyla und ihrem Drehbuch. Leyla war sich nicht sicher, ob der Weg der Reisenden oder der Weg der Mutter für sie der passende sei. Mal abgesehen davon, dass auch eine Kombination aus beidem denkbar ist, ging es mir darum, Leylas Zugang zu ihrem Inneren zu stärken – sodass sie eine Herzensentscheidung würde treffen können. Wir sprachen viel darüber, dass Glaubenssätze nicht bloß unseren Blick auf unsere Vergangenheit und Gegenwart verfälschen, sondern dass sie auch unsere Zukunftsvision verzerren können. Unaufgedeckt können uns Glaubenssätze zum Setzen »falscher« Ziele verleiten. Damit meine ich nicht, dass ein Ziel universell richtig oder falsch sein kann. Es geht vielmehr darum, ob es sich für ein Individuum passend oder unpassend anfühlt.

Wie sich Leyla entschied, spielt an dieser Stelle keine Rolle. Ich habe mich bewusst dazu entschieden, nicht näher auf ihren weiteren Weg einzugehen, weil ich nicht den Eindruck vermitteln möchte, dass eine Lebensentscheidung besser ist als eine andere. Was hier und generell wichtig ist: Es gibt verschiedene Lebenskonzepte und kein Lebenskonzept ist mehr oder weniger wert als ein anderes. Du kannst in einer Ehe mit Kindern in der Vorstadt wohnen und glücklich sein. Du kannst als Single die Welt bereisen und glücklich sein. Du kannst als CEO glücklich sein, genauso, wie du dein Glück als Musikerin, Ehrenamtlicher, Tierpapa, Mitarbeiter einer Fast-Food-Kette, Call-Center-Angestellte, Politikerin, Malerin, Poet, Lehrerin, Tante, Bruder, Yogini, Läuferin oder Freund finden kannst.

Lass dir von niemandem einreden, was der richtige Weg ist.
Denn es gibt nicht *den einen* richtigen Weg.
Es gibt nur den Weg, der sich für dich richtig anfühlt.
Und darüber entscheidest allein *du*.

LÖSE DICH VON DEN ERWARTUNGEN ANDERER

Du hast bereits Sarah und Leyla kennengelernt und erfahren, inwieweit negative Glaubenssätze ihre Zukunftsvisionen beeinflusst haben. Vielleicht hast du dich schon in einer oder sogar beiden Geschichten ein wenig wiedergefunden. Vielleicht hemmt dich bei deinen Vorhaben jedoch etwas anderes: die Erwartungen deines Umfelds. Aus diesem Grund möchte ich dir noch eine Geschichte erzählen, und zwar jene von Anke und wie sie auf die Drehbuchübung reagierte.

Anke arbeitete als Lehrerin, und als ich sie kennenlernte, führte sie ein geordnetes Leben, das wie ein Schweizer Uhrwerk lief. Sie befand sich in einer langjährigen Beziehung mit einem Mann, der ebenfalls als Lehrer tätig war, und nach außen hin stimmte die Fassade. Im Inneren fühlte sich Anke jedoch leer und nahm ihre Umwelt als grau und dumpf wahr. Ihre größte Baustelle war die Sexualität mit ihrem Freund, die kaum noch existierte. Die Beziehung war harmonisch und die beiden hatten viele gemeinsame Hobbys, doch wenn er sie zu lang und intensiv küsste und sie bereits ahnte, was er wollte, machte sie dicht. Sie ärgerte sich über die Mauer, die in ihr hochfuhr, doch sie konnte schlicht und ergreifend nichts dagegen tun.

»Ich will doch einfach nur normal auf ihn reagieren können«, sagt Anke verzweifelt, als ich ihr die Drehbuchübung eröffne.

»Was bedeutet ›normal‹ für dich?«, frage ich mit ehrlichem und tiefem Interesse. Auch ich ertappe mich gelegentlich dabei, wie ich Sachverhalte als »normal« oder »nicht normal« klassifiziere. Doch was ist schon *normal*? Ist *normal* das, was die meisten Menschen tun, obwohl es sie unglücklich macht? Entspricht das *Normale* den Erwartungen, die andere Menschen, die wir nicht enttäuschen wollen, an uns haben?

»Na, dass ich mich nicht so komisch verhalte … Dass ich mich auf ihn einlassen kann … Dass wir auch mal wieder Sex haben und uns nicht ständig darüber streiten«, antwortet sie mit einem Hauch von Resignation in ihrer Stimme.

»Was wird dadurch für dich möglich?«, frage ich weiter.

»Wenn wir Sex haben?«

»Genau«, antworte ich.

Anke rutscht auf ihrem Stuhl hin und her. Ich bin mir nicht sicher, ob sich hinter ihren Bewegungen Ungeduld oder Genervtheit versteckt – oder auch etwas ganz anderes.

»Dadurch wird es möglich, dass wir ein erfülltes Liebesleben haben und uns gut verstehen«, meint sie nüchtern.

»Ein erfülltes Liebesleben. Den Wunsch kann ich gut nachvollziehen. Und wenn wir uns nun noch einmal in dein Wunschleben teleportieren, in deine Vorstellung von einem erfüllten Liebesleben: Wie sieht das konkret aus?«

Anke gerät ins Stocken. In ihrem Kopf fahren offenbar die Gedanken Karussell. Da ist noch was. Dann sprudelt es aus ihr heraus: »Ich glaube, ich stehe auf Frauen!«

Es stellt sich heraus, dass Anke genau weiß, was sie will: Sie will Sex haben. Sie will Orgasmen erleben. Sie will sich erotisch und gesehen fühlen. Nur eben nicht von ihrem Freund.

Was sie von ihrem Wunsch-Liebesleben abhielt, waren verschiedene Glaubenssätze und Ängste. Zum einen wollte sie ihren Freund nicht verletzen, weil sie sich für sein Glück verantwortlich fühlte. Sie berichtete, dass ihr schon lange immer mal wieder der Gedanke gekommen sei, dass sie auf Frauen stehe. Somit habe sie ihrem Partner wertvolle Jahre geklaut. Sie empfand Schuld. Und sie empfand Scham, da es nicht in ihr Bild eines geordneten Lebens passte, eine heterosexuelle Beziehung für eine homosexuelle einzutauschen. Permanent fragte sie sich, was wohl ihre Eltern und Kolleginnen dazu sagen würden – ihr ins Gesicht und hinter ihrem Rücken.

Während Sarah es sich gar nicht erst erlaubt hatte, sich eine Zukunftsvision auszumalen, und während Leyla beinahe fremden Zielen hinterhergerannt wäre, hatte Anke ein attraktives und selbst gestecktes Ziel vor Augen: ein erfülltes Liebesleben. Bei ihr bestand die mentale und emotionale Hürde in verzerrten Annahmen darüber, wie sie ihr Ziel erreichen konnte.

Sie dachte, dass sie »komisch« wäre und an sich arbeiten müsste, um eine erfüllte Sexualität mit ihrem Freund zu haben. Als sie erkannte, dass sie genau richtig war und sich nicht verbiegen musste, um sich an externe Erwartungshaltungen anzupassen, bemerkte sie, dass sie auch eine andere Richtung einschlagen konnte, durfte und wollte.

Vielleicht hattest auch du schon mal das Gefühl, dass dein Leben in Stein gemeißelt ist und du nichts verändern darfst, um andere Menschen nicht zu enttäuschen. Vielleicht hast auch du dir schon mal Gedanken darüber gemacht, was andere denken und sagen könnten. Vielleicht hast auch du schon mal die Verantwortung für das Glück deiner Mitmenschen übernommen und dich dadurch selbst vergessen. Vielleicht stellst auch du deine Bedürfnisse hintenan und empfindest Angst oder Scham, wenn du an deine tiefsten Wünsche und Sehnsüchte denkst.

Falls dem so ist, bist du damit nicht allein. Mir ging es früher ähnlich, und ich erlebe bei meinen Glücksreisenden immer wieder, dass diese Fragen den Knackpunkt formen. Aus diesem Grund möchte ich nun eine Herzensbotschaft mit dir teilen:

**Du bist genau richtig so, wie du bist.
Und du darfst es dir erlauben, für dich und deine Träume loszugehen. Denn wenn du glücklich bist, wirst du das Glück auch in der Welt versprühen.**

BASTLE DEINE ZUKUNFT, WIE SIE DIR GEFÄLLT

Wenn du noch tiefer in die Thematik eintauchen und deine Lebensvision visuell festhalten möchtest, kann ein Vision-Board eine kraftvolle Ergänzung zur Drehbuchübung darstellen. Dabei handelt es sich um eine Collage aus ausgeschnittenen oder selbst gemalten Bildern und Fotos sowie Stichwörtern und Textbausteinen.

Nachdem du dir durch die Drehbuchübung darüber klar geworden bist, was du in der Zukunft erreichen möchtest und welche Wünsche und Träume deinem tiefsten Inneren entspringen, kannst du Zeitungen, Magazine und das Internet durchsuchen und passende Bilder und Sprüche für deine Vision sammeln. Es ist wichtig, dass du Fotos und Überschriften nutzt, die dich inspirieren und motivieren. Höre dabei auf deine inneren Stimmen und achte darauf, wohin es dich gefühlsmäßig zieht. Schnapp dir im Anschluss ein leeres Blatt, ein Plakat oder eine Korkwand und ordne die Elemente so an, dass sie für dich einen Sinn ergeben und dich beflügeln. Klebe deine Zeichnungen, Fotos und alle anderen Elemente, die du gesammelt hast, auf oder befestige sie mit Reißzwecken. Nutze gerne auch Zitate, Symbole und Affirmationen, um deine Vorstellungen aus der Drehbuchübung greifbarer zu machen und anschaulich festzuhalten. Danach kannst du dein Vision-Board an einem Ort aufstellen, an dem du es regelmäßig siehst, und deinen Fortschritt überprüfen.

Wenn das Arbeiten mit Schere, Kleber und Co. nicht zu deinen Vorlieben gehört, kannst du dein Vision-Board auch digital an deinem Computer oder Smartphone erstellen. Hierfür gibt es spezielle Programme und Apps. Aus meiner Erfahrung heraus empfehle ich jedoch aus zweierlei Gründen die analoge Variante.

Zum einen erwecken wir beim klassischen Basteln unser inneres Kind und können unsere Zukunftsvision aus einem anderen Blickwinkel reflektieren: aus dem unseres damaligen Ichs, das noch nicht so stark von der Gesellschaft und anderen externen Faktoren geprägt war, sondern intuitiv den Weg der Freude und Neugierde gegangen ist. Zum anderen hältst du dein Werk im Anschluss physisch in den Händen und darfst dir einen Platz aussuchen, wo du es – am besten gut sichtbar – platzieren möchtest. Dadurch endet es nicht in einer digitalen Schublade, sondern hat die Chance, dich regelmäßig im Alltag an deine Ziele und Wünsche zu erinnern.

Eine Herausforderung kann ein solches Bastelunterfangen für deinen inneren Perfektionisten darstellen. Ich weiß, wovon ich spreche, denn Klebespuren haben mich früher ganz nervös gemacht, und Elemente nicht so fein säuberlich umherschieben zu können, wie es mir am Computer möglich ist, fand ich anfangs gar nicht toll. Doch mein inneres Kind siegte, und ich erkannte an, dass ich mit meinem Vision-Board keinen Preis gewinnen musste, sondern es einzig und allein für mich und meine Motivation schuf.

Ein Vision-Board kann auch eine wundervolle Brücke zwischen dem Fantasieren und gedanklichen Kreieren deines Traumlebens sowie dem Abstecken konkreter Lebensziele spannen. Du stellst dadurch sicher, dass du deine große Vision kleinteiliger gestaltest, und ebnest dir den Weg, um dich Schritt für Schritt von der Gegenwart in die gewünschte Zukunft und die damit verbundene Umsetzung zu bewegen.

STECKE DEINE LEBENSZIELE AB

Jetzt geht es ans Eingemachte. Sich ein schönes Leben auszudenken ist eine Sache. Aktiv dafür loszugehen und nachhaltig und dauerhaft in die Umsetzung zu kommen ist eine ganz andere. Verschiedene Hürden könnten dir dabei im Weg stehen, doch keine Sorge: Wir werden sie gemeinsam nehmen, an ihnen wachsen und uns später, wenn wir auf ihre Überwindung zurückblicken, stolz auf die Schulter klopfen.

Die erste Hürde, mit der vielleicht auch du dich konfrontiert siehst, nachdem du einen Punkt hinter den letzten Satz deines Drehbuchs gesetzt hast, ist der riesige Berg, der sich vor dir auftürmt. »Wo soll ich bloß anfangen?«, ist eine berechtigte Frage, wenn wir einen oder mehrere Bereiche unseres Lebens umkrempeln wollen.

Nach meiner Praxiserfahrung hat es sich bewährt, eine große, bunte Zukunftsvision zunächst in konkrete Ziele umzuwandeln. Handfeste Ziele helfen dabei, Handlungsmaßnahmen und Meilensteine abzuleiten und den Berg Schritt für Schritt zu erklimmen. Wie geht das?

SPRICH AUS, WAS DU WIRKLICH WILLST

Kannst du dich noch an die Schule erinnern, wenn einmal pro Jahr der Schulfotograf vorbeikam und die ganze Klasse abgelichtet hat? Da ich zu den Kleinsten in meiner Stufe gehörte, musste ich mich immer ganz vorne hinstellen und konnte mich nicht hinter den anderen verstecken. Ich fand es furchtbar. Der Auftrag des Fotografen war klar: Bitte lächeln! Er sagte nicht: »Schaut doch nicht so grimmig.« Generell sagte er nicht, was er nicht wollte, denn das wäre vermutlich eine ganze Menge gewesen. Er sagte bloß, was er wollte: »Steht mal alle still und sagt ›Cheese‹!«

Dass diese Art der Zielformulierung besonders kraftvoll ist, wurde mir erst Jahre später in meinem ersten Coaching bewusst. Allerdings war nicht ich damals die Coachin, sondern die Klientin. Ich erinnere mich noch gut daran, wie ich in einer nicht enden wollenden Sinnkrise feststeckte und mein Liebesleben dazu noch einen Bauchklatscher machte. In der ersten Sitzung mit meiner damaligen Coachin sprudelten all die lange Zeit zurückgehaltenen Gedanken und Gefühle nur so aus mir heraus und ich beschwerte mich darüber, dass ich mich in meiner Partnerschaft weder ernst genommen noch verstanden fühlte. Auch betrachtete ich mich selbst nicht als Partnerin auf Augenhöhe, sondern als kleines Mäuschen, die artig dabei zusah, wie ständig ihre Grenzen überschritten wurden.

»So eine Art von Frau wollte ich nie sein«, brach es schließlich aus mir heraus, bevor sich eine erschöpfte Stille breit machte. Das Schweigen dehnte sich aus, meine Coachin sah mich mitfühlend an und stellte schlussendlich die einzig relevante Frage, die ich mir in diesem Moment wahrhaftig beantworten musste: »Welche Art von Frau willst du denn sein?«

Mit der einfachen Umkehrung meiner Negation eröffnete sie mir einen völlig neuen Horizont. Plötzlich blickte ich nicht mehr auf all die Dinge, die mich störten und die mir fehlten. Plötzlich bestrafte ich mich nicht mehr für mein bisheriges Verhalten. Stattdessen überlegte ich mir, was ich mir von mir selbst und einer erfüllten Beziehung wünschte und wie ich diesen Zielzustand erreichen konnte.

Auch bei meinen Glücksreisenden kommen häufig die Denkmuster zum Ausdruck, denen ich früher erlegen war.

Generell äußern viele Menschen ständig, was sie nicht wollen:

- »Ich will mich nicht mehr so gestresst fühlen.«
- »Ich will mich nicht mehr ständig mit meinem Partner streiten.«
- »Ich will keine Angst mehr haben, etwas zu verpassen, wenn ich auch mal zu Hause bleibe.«
- »Ich will mich nicht mehr so müde und erschöpft fühlen.«
- »Ich will diese innere Unruhe loswerden.«
- …

Das Problem daran ist, dass unser Gehirn keine Negationen versteht. Wenn ich dir sage, dass du nicht an das rote Krokodil denken sollst, tust du vermutlich genau das Gegenteil: Du denkst an das rote Krokodil. Unser Denkapparat kann mit Verneinungen nicht umgehen und assoziiert zu den Wörtern sofort die entsprechenden Bilder, bevor wir ihn disziplinieren können.

Wenn du dir daher das Ziel setzt, dich nicht mehr gestresst zu fühlen, hört dein Gehirn »gestresst« und lenkt deinen Fokus und deine Aufmerksamkeit auf die Dinge, die deine Akkus entladen und die du loswerden willst. Dein Ziel hat bei solchen Formulierungen einen negativen Beigeschmack, der die Zielerreichung erheblich erschwert.

Wenn du dir jedoch dein selbst konzipiertes Drehbuch vor Augen führst und dich regelrecht in deinem neuen Leben siehst, kommen dir vermutlich als Zielvorstellungen ganz andere Dinge in den Kopf:

- »Ich fühle mich ausgeglichen und kraftvoll.«
- »Ich führe eine harmonische und wertschätzende Beziehung.«
- »Ich bin gerne zu Hause und genieße es, mir Auszeiten zu gönnen.«
- »Ich hüpfe morgens wach und energetisch aus meinem Bett und habe Lust auf den neuen Tag.«
- »Ich bin innerlich ruhig und gelassen.«
- …

Daher mein Tipp für dich: Egal, ob du als Grundlage für deine Lebensziele die Drehbuchübung durchgeführt hast oder dich in einer anderen Form deinen Vorhaben und Plänen näherst, prüfe stets, ob deine Ziele positiv und attraktiv formuliert sind. Wenn du dich bei dem Wort »nicht« ertappst oder andere negativ besetzte Begriffe verwendest, frage dich, was das positive Gegenstück dazu ist. So lenkst du deine Aufmerksamkeit auf die Dinge, die du wirklich willst, und kannst deine Kraft besser kanalisieren.

LASS DIR VON NIEMANDEM DEIN GLÜCK VERBAUEN

»Das klingt in der Theorie alles schön und gut«, denkst du dir nun vielleicht, »aber was bringt mir dieses Wissen, wenn ich einen Partner habe, der mir keine Liebe schenkt, eine Chefin, die meine Arbeit nicht zu schätzen weiß, oder ein pubertierendes Kind, das macht, was es will, und einfach nicht auf mich hört?«

In einer Welt zu leben, die voll und ganz unseren Wünschen entspricht und in der jeder Mensch unsere Meinung vertritt und unsere Bedürfnisse befriedigt … das wäre schon eine tolle Sache! Unser Leben wäre dann mit Sicherheit viel einfacher. Was es allerdings auch wäre: langweilig.

Stell dir mal vor, dein Leben wäre in der Tat absolut makellos, lupenrein perfekt, so, wie es im Bilderbuch steht. Zunächst würdest du dich bestimmt freuen. Aber was kommt dann? Wie kannst du dich weiterentwickeln und als Mensch wachsen, wenn es keine Herausforderungen zu meistern und Hürden zu überwinden gibt? Wie würdest du das Glück spüren, wenn es stets und ständig da wäre? Oder in anderen Worten: Was wäre das Licht ohne den Schatten? Was der Tag ohne die Nacht?

Ich kenne keinen Menschen – mich eingeschlossen –, bei dem alles glattläuft und der sich mit jedem anderen Menschen tadellos versteht. So ist das Leben. Und dies wirklich und wahrhaftig anzuerkennen ist ein wichtiger Schritt in ein Leben, das von Akzeptanz, Balance und innerer

Ruhe gekennzeichnet ist. Insofern stehen uns zwei Optionen offen, wenn wir mit Situationen oder Menschen konfrontiert werden, die wir nicht gutheißen:

Zum einen können wir unseren Fokus auf das Außen richten und versuchen, diese Situationen oder Menschen zu verändern. Ersteres kann klappen, Letzteres nicht. Das Ziel, dass unser Partner uns mehr liebt oder uns unsere Chefin mehr achtet, ist eines, das zu erreichen nicht in unserer eigenen Macht liegt. Denn wir entscheiden zwar darüber, was wir in ein System (zum Beispiel das System »Beziehung« oder das System »Job«) hineingeben, doch unser Gegenüber entscheidet, was es davon annimmt und was es damit macht. Hier besteht die Gefahr, dass wir uns mit solchen Zielen verrennen, mehr geben, als wir bekommen, und uns am Ende ausgelaugt, frustriert und niedergeschlagen fühlen. Indem wir unseren Fokus von uns weg und auf einen anderen Menschen richten, machen wir diese Person zur Hauptfigur in unserem Film namens Leben, verlieren die Kontrolle über unser Drehbuch und lassen unsere Filmproduktion aus den Fugen geraten.

Zum anderen gibt es die – deutlich attraktivere – Option, dass du die Hauptfigur in deinem Film bleibst und deinen Fokus auf dich richtest. Anstatt dir zu überlegen, warum sich eine andere Person so verhält, wie sie sich verhält, überlege dir lieber, wie du anders damit umgehen kannst. Diese zweite Option zielt auf einen Wandel, der von innen kommt. Und dieser Wandel kann (und wird sehr wahrscheinlich) auch ins Außen abstrahlen und weiterführende positive Konsequenzen mit sich bringen.

Wenn dir dein Partner oder deine Partnerin nicht die Liebe schenkt, die du dir wünschst, dann kann das wehtun. Auch ich habe das erlebt und bin früher in zweierlei Art und Weise damit umgegangen. An Tagen, an denen die Traurigkeit überwog, habe ich mich gefragt, was ich falsch gemacht habe und warum ich nicht genug bin. An Tagen, an denen die Wut überwog, habe ich die Schuld auf meinen Partner abgewälzt und mich selbst in eine erhabene Position begeben, nach dem Motto: »Der weiß gar nicht, was er an mir hat!«

Ersteres tat mir gar nicht gut, Letzteres nur bedingt und vor allem lediglich äußerst kurzzeitig. Mittelfristig herrschte in mir stets diese Leere, in meinem Kopf standen Fragezeichen und ein großes, fettes »Warum?«:

- »Warum reiche ich nicht aus?«
- »Warum gerate ich *immer* an die falschen Kerle?«
- »Warum klappt es bei *allen* anderen, nur bei mir nicht?«
- »Warum kann nicht einfach mal alles gut sein?«

Du merkst bestimmt schon, dass ich mich nicht bloß mit vollem Karacho in die Rolle des hilflosen Opfers stürzte, sondern meine Gedanken auch vor absoluten Begriffen wimmelten. Wörter wie »immer« und »alle« sowie die zahlreichen unfairen Vergleiche, die ich anstellte, um mich mit anderen Menschen zu messen, waren wie Nadelstiche in meine Seele. Den Dolchstoß verpasste ich mir jedoch mit dem »Warum?«.

Dieses elendige »Warum?« bescherte mir mehr schlaflose Nächte, als ich zählen kann. Es vermieste mir Familienausflüge und Treffen mit Freunden, stahl mir bei der Arbeit den Fokus und in der Freizeit die Energie. Denn das Ätzende am »Warum?« ist, dass es uns in einen Strudel stürzt, aus dem es kaum ein Entkommen gibt. »Warum?« ist in solchen Situationen eine Frage ohne Antwort. Es ist wie eine Straße, die im Kreis verläuft, die keinen Anfangs- und keinen Endpunkt hat. Eingabe des Zielorts: zwecklos.

Wie sollte ich auch eine Antwort auf meine Fragen bekommen? Es bestand die Möglichkeit, dass mein Partner selbst gar nicht wusste, warum er sich zurückzog. Es bestand ebenso die Möglichkeit, dass er es wusste, mir jedoch nicht sagen konnte oder wollte. Eine weitere Möglichkeit war, dass er dachte, die Antwort zu kennen, doch eigene Glaubenssätze seine Sicht vollkommen verzerrten. Ich könnte noch unzählige weitere Eventualitäten aufzählen, die verdeutlichen, weshalb es auf das »Warum?« nur selten eine Antwort gibt. Und selbst wenn mein Gegenüber seine Gründe wahrhaftig kannte und bereit war, sie mir transparent zu machen: Hätte ich sie hören wollen? Hätte ich sie geglaubt?

Das Rettungsseil, an das ich mich klammerte, um mich erfolgreich aus diesem Strudel zu befreien, wurde aus anderen Fragen gewebt:

- »Was wünsche ich mir in meinem Liebesleben? Was will ich wirklich?«
- »Inwiefern kann ich meine Wünsche gemeinsam mit meinem Partner realisieren? Was ist möglich? Wo liegen die Grenzen?«
- »Wie kann ich in unserer Beziehung mehr Nähe herstellen? Wie kann ich mich besser abgrenzen, wenn es nicht klappt?«
- »Welche Art von Frau will ich sein? Was wird langfristig dadurch für mich möglich?«
- »Wofür gehe ich los? Wie sehen meine einzelnen Schritte konkret aus?«

Ich machte mich selbst wieder zur Hauptfigur in meinem Film, indem ich den Fokus auf mich lenkte und die Dinge anging, die ich tatsächlich selbst in der Hand hatte. Ich lenkte meine Aufmerksamkeit vom »Warum?« auf das »Was? Wie? Wofür?« und somit auch vom Problem auf die Lösung. Ich kanalisierte meine Energie, um die Fragen der Gegenwart und Zukunft zu klären und nicht die der Vergangenheit. So wurde aus meinem Ursachendenken ein Zieldenken.

Und weißt du was? Wenn ich das geschafft habe, dann schaffst du das allemal. Denn du bist viel stärker, als du annimmst. In dir schlummern so viel Liebe, Kraft, Kreativität, Vertrauen und Mut, die nur darauf warten, von dir entdeckt zu werden. Und du schuldest es dir, dass du dein Licht nicht unter den Scheffel stellst, auch nicht für einen anderen Menschen.

Vergiss nicht dich selbst, indem du einen anderen Menschen zum Star in deinem Film namens Leben machst. Sei selbst der Star in deinem Leben!

FORMULIERE KRAFTVOLLE LEBENSZIELE

Halten wir fest: Ziele entwickeln eine nahezu magnetische Anziehungskraft, wenn wir sie positiv und attraktiv formulieren. Die Drehbuchübung und ein Vision-Board können durch ihren Visualisierungseffekt eine gute Grundlage darstellen, um diesen Aspekt zu fördern.

Darüber hinaus sollte unser Fokus auf Zielen liegen, die von uns selbst erreichbar sind, deren Realisierung also nicht vom Gutdünken anderer Menschen abhängig ist. Dadurch versetzen wir uns in die Lage, selbstständig für uns und unser Glück loszugehen, und vermeiden das Risiko von Enttäuschung und Desillusionierung.

Außerdem hat es sich aus meiner Erfahrung heraus als äußerst kraftvoll erwiesen, wenn Ziele möglichst konkret formuliert werden. Anstatt zu sagen, dass ich sportlicher werden möchte, frage ich mich daher, was »sportlich sein« für mich bedeutet und woran ich eine Veränderung feststellen würde. Anstatt mir vorzunehmen, generell erfolgreicher zu werden, spezifiziere ich mein Ziel, indem ich mich frage, in welchem Bereich meines Lebens ich erfolgreicher werden möchte und was konkrete Anhaltspunkte für einen gesteigerten Erfolg sein können. Meistens packe ich noch ein Datum oder einen Zeitraum dahinter, bis wann ich mein Ziel erreichen möchte, um mir Schubenergie zu schenken und meinen Fortschritt messen zu können.

Schließlich hat auch unsere Sprache einen erheblichen Einfluss auf die Attraktivität und Kraft unserer Ziele. Wenn ich »eigentlich gerne sportlicher werden *würde*«, formuliere ich eine vage Wunschvorstellung, deren Verwirklichung bloß peripher in meinen Verantwortungsbereich fällt. Die Aussage ist schwach und raubt meiner Zielvorstellung jegliche Stärke. Wenn ich hingegen sage, dass ich »sportlicher werde« und auf Weichmacher wie »eigentlich« und Konjunktive wie »würde« verzichte, verleihe ich nicht nur meinem Ziel Stärke, sondern auch mir selbst. Dieses Ziel klingt nicht so, als ob ich es eventuell erreichen könnte, sondern als ob es ausschließlich eine Frage der Zeit und meines Mitteleinsatzes ist. Aus einem »ob« wird ein »wie«. Aus einem »Kann ich es schaffen?« wird ein »Wie kann ich es schaffen?«. So legst du Zweifel beiseite und lenkst deinen Fokus auf die Lösung und die einzelnen Schritte, die es dafür zu gehen gilt.

Nun bist du dran. Welche Ziele möchtest du erreichen? Was wird dich deiner Vision eines glücklichen und erfüllten Lebens näher bringen?

Schreib dir deine Ziele am besten auf. Durch den Prozess des Schreibens kannst du deine Gedanken ordnen, deine Ziele konkretisieren und dokumentieren, um deinen Fokus jederzeit bewusst auf deine Vorhaben zu lenken.

FINDE DEINE BALANCE ZWISCHEN ZIELESETZEN UND SICH-TREIBEN-LASSEN

Wie schon mehrfach beschrieben, ist es wichtig, dass wir uns von externen Erwartungshaltungen frei machen, um den Kern unseres Seins wiederzuentdecken und ein Leben zu leben, das authentisch ist und uns wahrhaftig glücklich macht … Ist es dann nicht widersprüchlich, wenn ich nun die Relevanz von Zielen betone und wie du sie formulieren solltest, um sie möglichst erfolgreich abzuhaken? Sollten wir dem »Höher, schneller, weiter« nicht ein »Hakuna Matata« entgegensetzen? Müssten wir uns nicht von Regeln und Vorschriften zur erfolgreichen Zielsetzung lösen, die Zukunft Zukunft sein lassen und ein geerdetes, schlichtes und achtsames Dasein im Hier und Jetzt führen?

Die Antwort ist »Jein«. Wie bei den meisten großen Fragen des Lebens gibt es hier kein Schwarz-Weiß, sondern viele Farben. Es gilt nicht das »Entweder-oder«, sondern das »Und«.

Hin und wieder an die Zukunft zu denken, Pläne zu schmieden und langfristige Vorhaben anzugehen ist zum einen vollkommen menschlich und zum anderen enorm wichtig. Sich bewusst Ziele zu setzen und über einen längeren Zeithorizont Maßnahmen für deren Erreichung zu ergreifen ist eine Fähigkeit, die ausschließlich unserer Spezies vergönnt ist und uns maßgeblich von Tieren unterscheidet. Mir fällt dieser Sachverhalt jedes

Mal auf, wenn ich mit meinem Labrador Henry spazieren gehe und er auf dem Feld frei laufen darf. Sobald wir zum Auto zurückkehren und ich den Kofferraum öffne, in dem sich seine Hundebox befindet, guckt er mich neckisch an, begibt sich in eine Spielposition, macht einen Satz nach hinten und rennt weg. Sicherlich ist das etwas, das ich mit meiner Hundetrainerin besprechen könnte, doch für die Zwischenzeit habe ich einen Workaround gefunden. Dieser sieht folgendermaßen aus: Kurz bevor wir das Auto erreichen, leine ich Henry wieder an. Er lässt es brav über sich ergehen, und wenn wir den Kofferraum erreichen, springt er, ohne zu murren, hinein. Ist Henry ein paar wenige Meter vom Auto entfernt, hat er nicht die Weitsicht, um zu begreifen, was ein Anleinen für ihn bedeutet. Uns Menschen würde das nicht passieren. Schon Kleinkinder entwickeln schnell ein Gefühl dafür, was wir uns von ihnen wünschen und wie sie von uns das bekommen, was sie sich wünschen. Wir Menschen können strategisch denken und somit Dinge erschaffen, zu der keine andere Spezies in der Lage ist.

Aus Protest gegen unsere Leistungsgesellschaft eine solche Fähigkeit links liegen zu lassen fände ich schade, da wir uns damit selbst der Chance berauben würden, in unserem Leben etwas zu kreieren, das uns ein Gefühl von Purpose, also Sinn, vermittelt. Neben dem Aspekt der Sinnfindung bergen selbst gesteckte und für das eigene Leben passende Ziele zahlreiche weitere Vorteile.

Ziele schenken uns einen Fokus.
Sie helfen uns, im Alltag Prioritäten zu setzen und uns regelmäßig darüber bewusst zu werden, wie wir unsere kostbare Lebenszeit einsetzen wollen – und wie nicht.

Wenn ich das Ziel verfolge, einen Marathon zu laufen, werde ich in meiner Freizeit vermutlich weniger in sozialen Netzen rumhängen und eher die Motivation finden, vom Sofa aufzustehen und joggen zu gehen. Wenn mein geplantes Vorhaben darin besteht, eines Tages als Ärztin zu arbeiten und Menschen wieder gesund zu machen, werde ich eher die zähe Prüfungszeit überwinden, als wenn ich nicht weiß, worauf ich hinarbeite.

Es geht also nicht darum, ob wir uns Ziele setzen sollten, sondern darum, welche Ziele für uns die passenden sind. Ein achtsames Leben zu führen und Ziele zu haben muss sich nicht ausschließen, wenn dein Ziel beispielsweise darin besteht, mehr innere Ruhe zu entwickeln, und dein Weg zu diesem Ziel mit Meditationen und anderen Achtsamkeitsübungen gepflastert ist.

Gleichzeitig dürfen und sollten wir uns bei all dem zukunftsorientierten Zieldenken auch der Gegenwart bewusst werden. Denn im Moment präsent zu sein ermöglicht es uns, unser Leben auch tatsächlich zu *erleben*.

Beim Spaziergang nicht im Geiste schon die Einkaufsliste zu schreiben, sondern wahrzunehmen, wie die Wolken über den Himmel ziehen, kann Gelassenheit schenken. Beim Kochen nicht nur auf das Radio zu verzichten, sondern auch die Gedanken an morgen abzuschalten, kann deine inneren Akkus wieder aufladen. Und beim Duschen nicht an das nächste Meeting zu denken, sondern das Wasser auf deiner Haut zu spüren, kann dich mit Ruhe und Kraft erfüllen.

Daher lade ich dich dazu ein, mit mir den Weg der Balance zu gehen. Lass uns ein Leben kreieren, in dem wir aus der Vergangenheit lernen, uns über unsere Zukunftswünsche und Ziele bewusst sind und gleichzeitig Dankbarkeit für das Hier und Jetzt empfinden. Lass uns ein Leben kreieren, in dem wir Fokus und Motivation für langfristige Vorhaben besitzen und uns gleichzeitig an den Sonnenstrahlen, dem Lächeln eines Fremden und einem frisch aufgebrühten Tee erfreuen können. Lass uns ein Leben im Gleichgewicht erschaffen, in dem wir nicht die Sklaven äußerer Erwartungshaltungen sind, aber auch nicht aus Protest etwas Gegenteiliges tun und uns damit selbst schaden. Lass uns auf unsere Intuition hören – und der Rest wird sich fügen.

MACHE DIR DIE MACHT VON GEWOHNHEITEN ZUNUTZE

Bei all dem Fokus auf Ziele dürfen wir eine Sache nicht vergessen: die unfassbare Macht von Gewohnheiten. Wenn Ziele einem exotischen Urlaubsort entsprächen, wären Gewohnheiten gleichzeitig das Flugzeug, der Treibstoff und die Crew, die uns dorthin bringen. Theoretisch geht es auch ohne sie – beispielsweise zu Fuß –, doch es wäre enorm viel anstrengender, kräftezehrender und zeitraubender.

Und da ich bei Analogien und Sinnbildern so richtig in Fahrt komme und sie als enorm hilfreich empfinde, kommt hier direkt noch ein zweites Bild, welches die Beziehung von Zielen und Gewohnheiten verdeutlicht: Während Ziele wie strahlende Stars auf dem roten Teppich unserer Gedanken posieren und sich im Blitzlicht der Paparazzi von ihrer schönsten Seite zeigen, sind Gewohnheiten die Designer, Friseure und Visagisten, die dieses Spektakel erst möglich gemacht haben. Wie schade, dass sie doch so häufig vergessen werden!

Beide Analogien verdeutlichen, was im Alltag leider ständig unter den Tisch fällt: Ziele zu erreichen, ohne die entsprechenden Gewohnheiten zu etablieren, ist nicht unmöglich, jedoch unsagbar schwer. Es drängt sich die Frage auf, woher diese Macht kommt …

Gewohnheiten sind Handlungen und Prozesse, die wir (häufig unbewusst) wiederholt ausführen, beziehungsweise Gedanken, die wir automatisiert und regelmäßig denken. Sie sind in allen Lebensbereichen zu finden und bestimmen einen Großteil unseres Tagesablaufs. Was wir essen, wann wir zu Bett gehen, wie häufig wir beim Arbeiten heimlich aufs Handy schauen – all das sind Gewohnheiten, die wir meist über einen langen Zeitraum verinnerlicht haben. Auch die Art und Weise, wie wir unsere Zahnbürste nach dem Zähneputzen abstellen, wie wir unsere Haare kämmen, wie wir einen Apfel schneiden und in welcher Reihenfolge wir uns ankleiden, gehört in diese Kategorie.

Die besondere Kraft von Gewohnheiten kommt dadurch zustande, dass eine Handlung nicht einmalig, sondern immer wieder ausgeführt wird. Somit summieren sich die Resultate, ganz nach dem Motto »Kleinvieh macht auch Mist«.

Ein weiterer Aspekt, der Gewohnheiten zu kleinen Helden mit Superkräften macht, ist, dass Gewohnheiten kein Enddatum kennen. Anders als Ziele, die früher oder später abgehakt werden, handelt es sich bei Gewohnheiten um »Work in Progress«, also eine Sache, die niemals fertig wird. Ziele laufen daher Gefahr, nach Erreichung auf das Abstellgleis gestellt zu werden, während Gewohnheiten dazu führen, dass wir kontinuierlich unser Ding durchziehen. Deshalb erleben manche Menschen, die sich ein Abnehmziel gesetzt haben, eher einen Jo-Jo-Effekt, als solche, die sich gewohnheitsmäßig gesund ernähren.

Die Kraft von Gewohnheiten auszunutzen, um ein glückliches und erfülltes Leben zu kreieren und die persönliche Lebensvision zur Wirklichkeit werden zu lassen, ist demnach absolut sinnvoll. Damit das klappt, gibt es einiges zu beachten.

1. Gewohnheiten erkennen und verstehen

Zunächst gilt es, unsere aktuellen Gewohnheiten zu erkennen. Dies ist zugegebenermaßen nicht so schwer wie das Aufdecken von Glaubenssätzen. Gleichzeitig sollten wir diesen Schritt nicht unterschätzen, da auch Gewohnheiten automatisiert und oftmals unbewusst ablaufen.

Hand aufs Herz: Wie häufig bist du schon mit dem Auto deine übliche Strecke gefahren, hast über Gott und die Welt nachgedacht und gar nicht realisiert, was um dich herum geschieht? Oder wie oft hast du dich morgens angezogen, ohne darüber nachzudenken, welches Bein in welche Hosenöffnung gehört, sondern über etwas anderes sinniert?

Gewohnheiten sind eine wunderbare Sache, die es uns ermöglicht, unsere geistige Kapazität und Energie für Dinge einzusetzen, die besonders anspruchsvoll oder unbekannt sind, während der Rest »einfach passiert«. Zumindest ist dies so lange der Fall, wie wir gesunde Gewohnheiten pflegen. Dazu gehören vermeintliche Selbstverständlichkeiten, wie sich morgens und abends die Zähne zu putzen. Für manche Menschen bedeuten gesunde Gewohnheiten auch, stets die Treppe und nicht den Fahrstuhl zu nehmen, täglich einen Apfel zu verzehren oder abends zum Buch statt zur Fernbedienung zu greifen.

Doch genauso, wie uns gesunde Gewohnheiten beflügeln und unsere Zielerreichung unterstützen, können uns ungesunde Gewohnheiten blockieren und unserem Wohlbefinden schaden. Wer bei Stress gewohnheitsmäßig zu der Tüte Chips greift oder es nie vor 2:00 Uhr nachts ins Bett schafft, obwohl der Wecker um 6:00 Uhr klingelt, wird vermutlich früher oder später die Rechnung dafür serviert bekommen.

Damit du ein besseres Verständnis deiner Gewohnheiten entwickeln kannst, habe ich einen Fragenkatalog für dich vorbereitet. Ich lade dich dazu ein, dich im Alltag zu beobachten, ganz so, als würdest du wie ein Vogel über dir fliegen, und dich von außen bei deinem Tun und Handeln wahrzunehmen. Hier sind die Fragen:

- Was tue ich regelmäßig, ohne darüber nachzudenken? Welche Gewohnheiten fallen mir als Erstes auf? Welche, wenn ich einen zweiten Blick auf meine Abläufe werfe?
- Welche Auslöser für meine Handlungen kann ich identifizieren? Mache ich bestimmte Dinge nur in bestimmten Situationen oder wenn ich mit bestimmten Menschen zusammen bin? Auf welche Emotionen (zum Beispiel Stress) reagiere ich mit meinen Handlungen?
- Wie geht es mir, nachdem ich einzelne Gewohnheiten ausgeführt habe? Wie denke ich dann über mich? Wie fühlt sich mein Körper an?
- Welchen Einfluss haben meine Gewohnheiten auf mein Liebesleben? Welchen auf mein Berufsleben? Wie wirken sie sich auf andere Bereiche meines Lebens aus?
- Welche Gewohnheiten finde ich gut? Welche möchte ich lieber ablegen?

Wenn es dir schwerfällt, dich in eine Vogelperspektive zu begeben und deine Gewohnheiten selbst aufzudecken, kannst du Hilfsmittel einsetzen. So können dir Handy-Apps dabei helfen, zu identifizieren, wie viel Zeit du wirklich mit dem Scrollen durch soziale Netzwerke verbringst. Sportuhren und Fitnesstracker können dir Aufschluss darüber geben, wie viele Schritte du am Tag zurücklegst und wie viele Stunden du ohne Bewegung am Schreibtisch hockst.

Auch Verwandte, Freunde, Arbeitskolleginnen oder andere Menschen, mit denen du viel Zeit verbringst, können ein Quell der Erkenntnis sein. So kannst du sie fragen, was ihnen regelmäßig an dir auffällt und welche Gewohnheiten sie an dir zu erkennen meinen. Aber Achtung: Bei diesem Vorgehen dürfen wir stets im Hinterkopf behalten, dass jeder Mensch die Welt subjektiv eingefärbt wahrnimmt und die Meinungen der Befragten keiner universellen Wahrheit entsprechen. Darüber hinaus besteht die Möglichkeit, dass andere Menschen nicht ganz ehrlich mit uns sind, zum Beispiel, weil sie es als unhöflich empfinden, uns direkt auf als seltsam empfundene Gewohnheiten aufmerksam zu machen. Wie die eigenen Gedanken dürfen daher auch die Aussagen anderer stets kritisch hinterfragt und reflektiert eingeordnet werden.

2. Ungewollte durch gewollte Gewohnheiten ersetzen

Welche ungewollten Gewohnheiten hast du identifiziert? Möchtest du deine Handynutzung einschränken, um mehr Zeit für Sport zu haben? Oder willst du auf das abendliche Süßigkeitenritual vor dem Fernseher verzichten, um dich gesünder zu fühlen? Möchtest du mit dem Rauchen aufhören? Oder willst du nicht mehr so häufig zu spät zu Treffen mit Freundinnen auftauchen?

Was auch immer für dich im Fokus steht: Das Wichtigste ist, dass du dir nicht vornimmst, diese Gewohnheiten ersatzlos aus dem Fenster zu schmeißen – denn das ist enorm schwierig. Alte Gewohnheiten abzulegen ist bedeutend zäher, als neue Gewohnheiten zu etablieren. Daher empfiehlt es sich, alte, ungewollte Verhaltensmuster durch neue, gewollte Verhaltensmuster zu ersetzen.

Du kannst zum Beispiel die Schokolade durch süßes Obst wie Honigmelone oder Erdbeeren ersetzen. So bestrafst du dich nicht dafür, dass du ein Lüstchen hast, und stehst nicht mit leeren Händen da.

Allerdings können wir mit neuen Gewohnheiten nicht bloß alte, ungewollte Verhaltensmuster ersetzen. Das würde bedeuten, dass es zunächst eine negative Sache geben muss, um etwas in unserem Leben zu ändern – ganz so, als müsste es erst ein »gegen etwas« geben, bevor ein »für etwas« entstehen kann. Neue Gewohnheiten dürfen natürlich auch ohne einen Gegenspieler kreiert werden. Diese Variante finde ich besonders schön und kraftvoll, weil wir unser Glück dadurch proaktiv in die Hand nehmen und präventiv für uns losgehen, bevor eine Unzufriedenheit entsteht.

Aus dieser Intention heraus habe ich vor einigen Monaten ein kurzes, unkompliziertes und gleichzeitig enorm wohltuendes Morgenritual für mich kreiert: Jeden Morgen, bevor ich meinen Computer hochfahre und mit der Arbeit beginne, zünde ich drei Kerzen an. Beim Anzünden der Kerzen überlege ich mir jeweils eine Sache, für die ich dankbar bin, oder eine Sache, auf die ich mich freue. Dieses Ritual schenkt mir direkt gute Laune und Motivation für den Tag. Das warme Licht der Kerzen, die ich so lange brennen lasse, bis ich meinen ersten Tee des Tages ausgetrunken habe, verbreitet außerdem eine tolle Atmosphäre in meinem Arbeitszimmer. So habe ich aus einem Ort der Produktivität gleichzeitig einen Ort des Wohlfühlens gemacht.

Egal, ob du eine neue Gewohnheit mit oder ohne negativen Gegenspieler etablieren möchtest: Ich empfehle dir, darauf zu achten, dass sie zu dir und deinem Lebensstil passt. Wenn du beispielsweise eine Nachteule bist und frühes Aufstehen nicht ausstehen kannst, empfiehlt es sich nicht, eine aufwendige Morgenroutine mit einem Work-out bei Sonnenaufgang zu planen. Stattdessen kannst du die Sporteinheit für den Feierabend vorsehen, um für einen Ausgleich nach der Arbeit zu sorgen. So kämpfst du nicht gegen deinen eigenen Körper an, sondern gewinnst ihn als Partner für deine Vorhaben. Dadurch wirst du dir eine Menge Stress und Frustration ersparen und eine ordentliche Portion Energie und Motivation schenken.

Außerdem empfehle ich dir – ähnlich wie bei deinen Zielen –, realistisch zu bleiben und dich nicht selbst zu überfordern. Es muss nicht die 180-Grad-Drehung sein. Erlaube es dir, klein anzufangen und dich allmählich zu steigern. So wirst du schnell Erfolge feiern können. Diese positiven Erlebnisse können dich in der weiteren Umsetzung unterstützen und für den notwendigen Elan sorgen.

Bei regelmäßiger Durchführung werden deine *neuen* Gewohnheiten in dein Unterbewusstsein vordringen, automatisiert ablaufen und sich so zu *echten* Gewohnheiten entwickeln. Bis es so weit ist, kann es jedoch passieren, dass sie ins Hintertreffen geraten und alte, ungewollte Verhaltensmuster uneingeladen vorbeischneien.

Mir ging es einmal so, als ich mich zum Anlass eines neuen Jahres zuckerfrei ernähren wollte. Ich war bei meinem Opa zu Besuch und zum Kaffee gab es Kuchen und Plätzchen. Ganz automatisch griff ich nach einem Plätzchen, biss genüsslich hinein und bemerkte erst beim Schlucken, dass ich meinen Neujahrsvorsatz bereits am 2. Januar in den Sand gesetzt hatte.

Damit dir das nicht passiert, kannst du dir einen sogenannten Anker setzen. Dabei handelt es sich um einen – meist dezenten und gleichzeitig kraftvollen – Reminder, der dich im Alltag dabei unterstützt, deine neuen Gewohnheiten nicht zu vergessen.

Wenn du einen Schreibtischjob hast und dich während der Arbeitszeit mehr bewegen möchtest, kann dich eine Fitnessuhr stündlich daran erinnern, kurz aufzustehen und ein paar Schritte zu gehen. Ein Anker muss jedoch kein technisches Hilfsmittel sein. Wenn du beispielsweise ab nun jeden Morgen meditieren möchtest, kannst du deine Yogamatte direkt neben deinem Bett platzieren, sodass du sie gar nicht übersehen kannst.

Darüber hinaus kannst du deine Mitmenschen um Unterstützung bitten und dir einen Sparringspartner suchen.

Ich habe eine Zeit lang abends im Bett mit meinem Freund über meinen Arbeitstag gesprochen. Häufig war ich danach entweder negativ aufgewühlt oder positiv energetisiert und voller neuer Ideen. In beiden Fällen konnte ich schlecht einschlafen und hatte oft wirre Träume. Ich bat meinen

Freund, mir einen Riegel vorzuschieben, wenn ich im Bett mit diesem Thema um die Ecke kam. Meist reichte schon ein Blick und ich erinnerte mich, dass ich die Arbeit aus dem Schlafzimmer fernhalten wollte. Im gleichen Zuge mit dieser Regel verbannte ich auch Weiterbildungsliteratur und mein Smartphone aus unserem Ruhebereich. So blieb viel mehr Zeit für Gespräche über private Themen, das Lesen von Fantasy-Büchern und Erholung. Dieses neue Verhaltensmuster durchzusetzen fiel mir schon nach wenigen Tagen deutlich leichter als zu Beginn, da es mit mehr innerer Ruhe, einem schnellen Einschlafen und erholsamen Durchschlafen sowie einer positiveren Stimmung in unserer Beziehung belohnt wurde.

Auch du kannst jemanden, der dir nahesteht, darum bitten, dich bei deinen Plänen zu unterstützen. Noch besser wirkt diese Bestärkung, wenn sie auf Gegenseitigkeit beruht und ihr ein gemeinsames Ziel verfolgt. Ein praktisches Beispiel stellen Laufpartner dar, die zusammen joggen gehen und sich gegenseitig anfeuern.

3. Geduld beweisen und durchhalten

Auch wenn eine neue Gewohnheit attraktiv ist und ihre Verfolgung durch passende Anker und Hilfe der Mitmenschen unterstützt wird, kann es schwerfallen, langfristig an ihr dranzubleiben. Insbesondere Stress und andere Auslösereize können den Rückfall auf ältere und abgelegt geglaubte Gewohnheiten begünstigen.

Um dem entgegenzuwirken, lohnt es sich, Stressoren und andere Auslöser für dein ursprüngliches Verhalten zu reduzieren. Das ist im Alltag jedoch nicht immer umsetzbar, da unsere Abläufe und Launen nicht von äußeren Einflüssen entkoppelt sind.

Eine andere und in meinen Augen wesentlich realistischere Vorgehensweise verbirgt sich hinter dem Begriff »Framing«, der im Deutschen auch als »Rahmungseffekt« übersetzt wird. »Framing« bedeutet, dass eine Botschaft bei gleichem Inhalt das Verhalten des Empfängers unterschiedlich beeinflussen kann – und das ausschließlich durch unterschiedliche Formulierungen. Framing wird in der Politik, in der Werbebranche und in den Medien genutzt, um die Gefühls- und Meinungsbildung zu beeinflussen. Es genießt einen gemischten Ruf, und doch finden wir es überall, wo Kommunikation stattfindet. Das gilt auch für die Kommunikation im eigenen Kopf, also wie wir mit uns selbst sprechen.

Wenn du dir nach einem stressigen Arbeitstag eine Tafel Schokolade *gönnst*, deklarierst du sie als wohlverdienten Genuss und das Belohnungssystem in deinem Gehirn springt an. Du gibst dieser Süßigkeit somit eine Bedeutung, die es dir erschwert, auf sie zu verzichten. Die Wurzeln dieser Konditionierung reichen – ähnlich wie die von Glaubenssätzen – häufig bis in unsere frühesten Jahre zurück. Vielleicht haben dich deine Eltern, wenn du keine Lust mehr auf »diese blöde Wanderung« hattest, damit motiviert, dass am Ende ein großer Eisbecher wartet, oder es gab den köstlichen Vanillepudding nur, wenn du vorher die verhassten Erbsen aufgegessen hast.

Als erwachsener Mensch anstelle von Schokolade einen Obstsalat zu essen kann klappen, wenn du ihn als gesund betrachtest und dein rationaler Verstand die Überhand hat. Noch besser wird es mit der Ernährungsumstellung jedoch funktionieren, wenn du den Obstsalat nicht bloß als die vernünftige, aber wenig reizvolle Alternative abstempelst, sondern ihn der Kategorie Genuss zuordnest.

Die Schokolade bleibt im Kern Schokolade und der Obstsalat bleibt im Kern Obstsalat. An der Sache hat sich nichts geändert, doch deine Deutung schon. So kannst du dir nach einem stressigen Arbeitstag einen köstlichen Obstsalat *gönnen*, der nicht »nur« gut für deine Gesundheit ist, sondern auch herrlich süß und erfrischend zugleich schmeckt.

Ein Beispiel aus meinem eigenen Leben stellt der Konsum von Kaffee dar. Ich habe jahrelang die Auffassung vertreten, dass mich Kaffee kreativer macht. Das lag daran, dass ich schon als kleines Mädchen Bücher schreiben wollte und ein konkretes Bild meines Lebens als Schriftstellerin vor meinem inneren Auge hatte: Ich sitze in einem urigen Arbeitszimmer, die Wände komplett verdeckt durch üppig gefüllte Bücherregale, der Blick geht auf die wilde See und auf meinem Schreibtisch steht ein dampfender Pott schwarzen Goldes. Zu meinem Bedauern stellte ich vor einer Weile fest, dass mir Kaffee nicht besonders gut bekommt. Da er mich nicht nur scheinbar kreativer machte, sondern mir auch noch gut schmeckte, fiel mir der Verzicht zu Beginn schwer. Allerdings wurde mein romantisches Bild der Schriftstellerei schnell durch das weniger romantische Bild einer Toilette ersetzt. Diese musste ich nämlich zügig aufsuchen, nachdem ich Kaffee getrunken hatte. Der Framing-Effekt half mir dabei, meine rosarote Kaffeebrille abzusetzen und von nun an Tee als kreativitätsförderndes Genussmittel zu betrachten. Dabei ist es mir egal, inwieweit Tee aus einer biochemischen Perspektive einen Einfluss auf meine Gehirnaktivitäten hat. Der Placeboeffekt reicht mir aus.

So kommt es, dass ich just in dem Moment, in dem ich diesen Satz eintippe, auf einen Baum und das dahinterliegende Nachbarhaus blicke und neben mir eine Tasse zartgelben Goldes fröhlich vor sich hin dampft. Und wenn ich den Duft von Kaffee doch mal vermisse, zünde ich mir eine entsprechende Duftkerze an.

Framing kann auch dich in deinem Alltag unterstützen, indem diese Technik es dir ermöglicht, jene Aspekte einer Sache oder eines Umstands zu beleuchten, die dich voranbringen, die dir guttun und die dir das Leben ein bisschen leichter machen.

Schließlich sind Geduld und Selbstliebe die Schlüssel zur Etablierung neuer Gewohnheiten. Gib dir Zeit für deine Veränderung und sei dir selbst auf deinem Weg dahin dein bester Freund.

BEFREIE DICH VON BLOCKADEN UND SABOTIERENDEN GEDANKEN

Wenn du dir deiner Ziele und gewünschten neuen Gewohnheiten bewusst geworden bist, folgt der nächste wichtige Schritt: die Umsetzung (und das Dranbleiben). Ein wenig sind wir bereits auf die Umsetzung von Gewohnheiten eingegangen und darauf, wie du aktiv ins Tun kommen kannst. Allerdings können sowohl bei unseren regelmäßigen Aktivitäten als auch bei unseren langfristigen Zielen Stolpersteine auf unserem Weg liegen. Um dir als Beispiel eine meiner damals großen Herausforderungen näherzubringen, möchte ich dich auf eine kleine Einkaufstour mitnehmen …

Auch wenn ich als Jugendliche gerne den Film *Pretty Woman* geschaut habe und ganz begeistert war, als sich Julia Roberts neu einkleidete und im Anschluss mit Dutzenden von Tüten durch die Straßen L.A.s spazierte, finde ich Shopping im echten Leben anstrengend und nervig. Im Winter weiß ich nie, wohin mit Jacke, Schal, Mütze, Handschuhen, und das An- und Ausziehen dauert gefühlt eine halbe Ewigkeit. Im Sommer bin ich lieber draußen in der Natur unterwegs als in klimatisierten Kaufhäusern und künstlich beleuchteten Bekleidungsgeschäften. Ab und zu komme ich jedoch nicht drumherum, weil ich Online-Shopping aus anderen Gründen für mich abgewählt habe. So fand ich mich schließlich mit einer großen Auswahl an Hosen in einer kleinen Kabine wieder.

Eigentlich finde ich meinen Körper ziemlich sexy, nicht jedoch im grellen Licht von Umkleidekabinen. Mir ist vollkommen unklar, warum sich die Inhaber dieser Läden für eine Beleuchtung entscheiden, die bestimmt nicht nur in mir den Wunsch auslöst, zu fliehen und mich in einem Fitnessstudio anzumelden. Jedes Röllchen und jede Delle tritt darin so überproportional zum Vorschein, dass man sich wie eine Karikatur fühlt. So setze ich mir beim Shopping jedes Mal das Ziel, mehr Sport zu treiben und mehr auf meine Ernährung zu achten.

Es ist nicht so, dass ich das nicht ohnehin schon täte. Durch die Spaziergänge mit meinem Hund komme ich täglich auf weit über 10.000 Schritte, ich mache gerne Yoga und esse viel Obst und Gemüse. Ich fühle mich gesund. Ich mag meinen Körper. Und auch wenn ich Gefahr laufe, dass meine folgende Aussage sentimental klingt, so bin ich ihm unglaublich dankbar, dass er immer für mich da ist und mich durch dieses Leben trägt. Dennoch sehe ich bei Weitem nicht wie die durchtrainierten Sportskanonen auf Instagram aus. Abgesehen davon gibt es im echten Leben weder Filter noch Photoshop.

Nach dem Shopping gehe ich also stets mit einem klaren Vorhaben nach Hause: Ich möchte straffer werden. Vielleicht hier und da ein bisschen Fett abnehmen, an anderen Stellen Muskelmasse aufbauen. Noch größer als meine Motivation ist meine Unzufriedenheit über den Istzustand, doch diesen negativen Beigeschmack schiebe ich notdürftig zur Seite. Ich bin zuversichtlich: Jetzt schaffe ich es. Jetzt wird sich was ändern. Bis es Zeit zum Abendessen wird … Was bereits eingekauft ist, kann ich nicht wegschmeißen, also nehme ich die übliche Mahlzeit zu mir, auch wenn sie vielleicht nicht zum geplanten Diätmenü passt. Am nächsten Tag will ich mit Sport starten, doch beim Blick in meinen Terminkalender springt mir bereits ein morgendlicher Call in die Augen, der meine Pläne zerschießt.

Am Abend bin ich für ein Work-out zu müde und schon liegt das Vorhaben wieder auf Eis. Warum ist das so?

Es gibt verschiedene Gründe, warum uns die Umsetzung unserer Vorhaben nicht recht gelingen mag. Nachfolgend schauen wir uns typische Ursachen im Detail an.

1. Das Timing passt nicht

Ein prominentes Beispiel für schlechtes Timing sind Neujahrsvorsätze. Jedes Jahr Ende Dezember setzen sich unzählige Menschen Ziele, die sie ab Januar des Folgejahres urplötzlich erreichen möchten. Oft ist die Motivation zu Beginn groß, doch spätestens im Februar, häufig bereits früher, lässt die Euphorie nach und der Alltagstrott setzt sich durch. Ich weiß, wovon ich hier schreibe, da ich selbst mehr als einmal in diese Falle getappt bin.

Das Problem an Neujahrsvorsätzen ist, dass dieser Termin weder an unsere innere Uhr noch an unsere individuellen Lebensumstände angepasst ist. Nur weil um Mitternacht ein paar Raketen gezündet werden und man ab dem nächsten Tag einen neuen Wandkalender benötigt, heißt das noch lange nicht, dass die Welt anders tickt oder unser Unterbewusstsein eine Kehrtwende gemacht hat.

Für eine Zielerreichung ab Neujahr spricht, dass Silvester eine wunderbare Symbolik in sich trägt und das Momentum, welches entsteht, wenn eine breite Masse gleichzeitig und gemeinsam ein Vorhaben angeht, dabei helfen kann, die eigene Motivation zu schüren. Dennoch halte ich es für wenig ratsam, kleine oder sogar große Lebensveränderungen einzig und allein an externen und universellen Ereignissen festzumachen.

Deutlich besser klappt es, wenn die Ereignisse zwar extern, jedoch nicht universell, sondern individuell sind. So kann beispielsweise ein Jobwechsel ein guter Anlass sein, um die eigene Work-Life-Balance neu zu gestalten.

Getoppt wird dieses Szenario durch interne Ereignisse und Erkenntnisse. Das bedeutet, dass eine Zielsetzung und -erreichung nicht an äußere Geschehnisse angelehnt wird, sondern sich an unserem Innenleben orientiert. Denn gewissermaßen verhält es sich mit der Motivation wie beim Lebensglück: Zu finden ist sie eher im Innen als im Außen. Im Fachjargon sprechen wir übrigens von extrinsischer Motivation, wenn sie im Außen gesucht wird, zum Beispiel in Form einer Gehaltserhöhung oder Anerkennung durch den eigenen Partner oder die Partnerin. Von intrinsischer Motivation ist die Rede, wenn wir unseren Antrieb aus unserem Innenleben ziehen und unser Wunsch, etwas zu tun, unserem Herzen entspringt.

Solltest du das nächste Mal bei der Umsetzung deiner Ziele auf Hürden stoßen und deine Motivation sich verabschieden, stelle dir die folgenden Fragen:

- Wie gut lassen sich meine Ziele und Umsetzungspläne in mein aktuelles Leben integrieren? Wie realistisch ist mein Umsetzungskonzept?
- Inwieweit knüpfe ich meinen Zeitplan an externe Gegebenheiten und inwieweit stelle ich die Individualität meines Alltags in den Fokus meiner Planung?
- Wie könnte mein Timing aussehen, um mich bei meiner Zielerreichung optimal zu unterstützen?

Deine Antworten werden dir darüber Aufschluss geben, ob das Timing deine Hürde ist oder sich ein anderer Stolperstein auf deinem Weg befindet. Falls der Knackpunkt im Timing verborgen ist, unterstützen sie dich außerdem dabei, diese Problematik zu überwinden und nicht nur deine Ziele an dein Leben anzupassen, sondern auch den Weg, den du für ihre Erreichung gehst.

2. Die Veränderung lohnt sich nicht genug

Vielleicht ahnst du, dass es nicht oder nicht ausschließlich am Timing liegt. Die Ursache für deine eventuelle Blockade muss einem anderen Bereich entspringen. Da kommt das menschliche Naturell ins Spiel.

Auch wenn es abgedroschen klingt, so sind wir Menschen Gewohnheitstiere. Ein Großteil unserer täglichen Gedanken und Handlungen sind habitualisiert und laufen automatisch, ohne unser bewusstes Zutun ab. Das ist gut so, denn bei der Fülle an Eindrücken, die im Sekundentakt auf uns niederprasseln, und angesichts der schier nicht enden wollenden Verpflichtungen, die wir als moderne Menschen haben, könnten wir unseren Alltag anders gar nicht bewältigen. Gewohnheiten helfen uns dabei, wiederkehrende Aufgaben möglichst intuitiv zu erledigen und unsere mentalen Kapazitäten nur für die wirklich kniffligen Fälle aufzusparen.

Doch wo Licht ist, ist auch Schatten. Wir haben bereits besprochen, dass uns gesunde Gewohnheiten beflügeln, während uns ungesunde Gewohnheiten erheblich schaden können. Besonders kritisch ist dieser Sachverhalt aufgrund der Tatsache, dass gewohnte Verhaltensmuster meist unbewusst ablaufen und wir sie nur schwer in ihrer Gänze durchdringen können. Auch sind Gewohnheiten enorm hartnäckig und haben Veränderungen gar nicht gern.

Neben Gewohnheiten kann auch unser Urinstinkt gegen die Durchsetzung von Veränderungen arbeiten. Alle Menschen haben ein Bedürfnis nach Sicherheit. Bei manchen ist dieses Bedürfnis stärker ausgeprägt als bei anderen, doch in einem gewissen Maße hat es jeder. Ein Gefühl von Sicherheit entsteht durch Konstanz. Wenn wir wissen, wie unser Tag abläuft, an welchen Orten wir uns aufhalten, welchen Menschen wir begegnen und wie sich diese Menschen üblicherweise verhalten, wird uns ein Gefühl von Kontrolle vermittelt, das unserem Sicherheitsbedürfnis positiv entgegenkommt. Veränderungen durchbrechen diese Kontinuität und schicken uns auf unbekanntes Terrain. Das kann ein prickelndes Gefühl auslösen und Lust auf einen Neubeginn schüren. Es kann jedoch auch die Quelle eines mulmigen Bauchgefühls und schwitziger Hände sein, auf die viele von uns gut und gerne verzichten können.

Ein wichtiger Leitsatz im Coaching ist daher, dass Veränderungen nur gut sind, wenn sie sich lohnen. Ganze Bereiche des eigenen Lebens umzukrempeln, eingefahrene Gewohnheiten zu durchbrechen und sich der Unsicherheit von Neuem zu stellen ist nur attraktiv, wenn am Ende ein Schatz funkelt. Wenn dir die Verfolgung deiner Ziele schwerfällt, kannst du dich daher Folgendes fragen:

- Wie attraktiv ist der Schatz, der auf mich wartet? Inwieweit lohnt sich meine Veränderung wirklich und inwieweit betrachte ich sie eher als Nice-to-have?
- Inwiefern unterstützen oder blockieren mich meine bestehenden Gewohnheiten in meiner Zielerreichung? Wie kann ich diese ändern, um mich selbst (noch) besser bei meiner eigenen Zielverfolgung zu unterstützen?
- Wie stark ist mein Sicherheitsbedürfnis und inwieweit steht mein Ziel beziehungsweise meine anvisierte Veränderung diesem Bedürfnis entgegen?

Als ich mir diese Fragen stellte und sie beantwortete, wurde mir klar, dass das Ziel, welches ich mir beim Shopping stets setzte, einfach nicht attraktiv genug war. Den Großteil der Zeit bin ich mit meinem Körper zufrieden. Auch mit meinen Ernährungs- und Sportgewohnheiten fühle ich mich wohl. Ein bisschen straffer und muskulöser zu werden wäre zwar schön, jedoch wiegen die Veränderungen, die ich in Hinblick auf meine Gewohnheiten tätigen müsste, in meinen Augen schwerer als der zusätzliche Nutzen, den ich daraus ziehen würde. Schnell meldet sich da bei mir die studierte BWLerin, die sagt: »Nope, das Kosten-Nutzen-Verhältnis ist nicht ausgeglichen. Vanessa, das lohnt sich einfach nicht genug.«

Seitdem mir das klar wurde, begegne ich mir selbst gelassener. Ich erwische mich beim Shopping noch gelegentlich dabei, wie mir der Gedanke an einen strafferen Körper kommt. Dann mache ich mir bewusst, dass ich kein Model bin, es niemals sein werde, dass das vollkommen okay ist und ich die Prioritäten in meinem Leben anders setze. So zauberte ich eine riesige Last von meinen Schultern und genehmigte meinen Lungen einen tiefen, befreienden Atemzug.

3. Widerspenstige Persönlichkeitsanteile versperren den Weg

Vielleicht passt das Timing bei dir wie die Sahne zum Eisbecher oder der Rohrohrzucker zum Mojito. Vielleicht ist dein Ziel auch dermaßen attraktiv, dass sich eine Veränderung definitiv lohnt. Und trotzdem hält dich etwas zurück wie die Fußfessel einen Gefängnisinsassen in einem Zeichentrickfilm. Hier kommen unsere Persönlichkeitsanteile ins Spiel, also die verschiedenen Facetten und Aspekte unseres Selbst, die in Summe unsere Gesamtpersönlichkeit ausmachen. Doch was hat es mit besagten Anteilen auf sich und inwiefern können sie uns und unsere Vorhaben blockieren?

LERNE DEINE PERSÖNLICHKEITSANTEILE KENNEN

Unsere Persönlichkeitsanteile sind – wie der Name schon sagt – Anteile unseres Selbst. Das bedeutet, dass wir sie immer bei uns tragen. Manche Anteile treten öfter in Erscheinung, andere seltener. Manche sind lauter und andere leiser. Häufig äußern sie sich als innere Stimmen, zum Beispiel, wenn wir uns vornehmen, joggen zu gehen, und plötzlich der Gedanke auftaucht: »Aber es soll gleich anfangen zu regnen. Geh jetzt bloß nicht joggen, sonst erkältest du dich noch.«

Was die Stimmen sagen, klingt oft plausibel. Das liegt daran, dass sie uns gut kennen und genau wissen, welche Knöpfe sie drücken müssen, um ihren Willen zu bekommen. Also verschieben wir die Sporteinheit auf den nächsten Tag, doch irgendwie passt es dann zeitlich nicht. Eine andere Stimme listet auf, was es Dringenderes zu tun gibt, sei es, dass der Boden gesaugt werden muss, die Präsentation für das nächste Meeting endlich fertiggestellt werden sollte oder die Kinder versorgt werden wollen. Vielleicht meldet sich direkt noch eine dritte Stimme zu Wort und weist uns darauf hin, dass unsere Laufschuhe steinalt sind und für unsere Wirbelsäule nicht gut sein können. Da müssen am besten erst mal neue her, doch bis die geliefert werden, steht schon wieder etwas anderes an.

Wenn dir dieses Szenario bekannt vorkommt, weißt du vermutlich so gut wie ich, dass in Wahrheit weder das Wetter noch das Fehlen der neuesten Sportkollektion in deinem Schuhregal daran schuld ist, dass du eine geplante Laufeinheit nicht antrittst. Vielmehr sind es doch einige unserer Persönlichkeitsanteile, die uns allzu oft einen Strich durch die Rechnung machen. Dazu gehört der innere Schweinehund, der ungern allein unterwegs ist und häufig andere unliebsame Gäste mit sich bringt. Der beste Kumpel vom Schweinehund ist der innere Kritiker, der übrigens – wie sämtliche Persönlichkeitsanteile – auch weiblich sein kann, also eine innere Kritikerin. Der Kritiker ist davon überzeugt, dass wir nie gut genug sind, egal, wie sehr wir uns bemühen. Wenn wir ihm nicht die Stirn bieten, reibt er uns unsere Fehler pausenlos unter die Nase und kommentiert ungefragt und mit sarkastischem Unterton jeden unserer Patzer und vermeintlichen Makel.

Bestärkt wird der innere Kritiker durch seine Liaison mit dem inneren Perfektionisten, der absolut nichts davon hält, einfach mal mit etwas loszulegen. Denn laut ihm reicht es nicht, wenn wir einmal für 20 Minuten joggen gehen und danach schauen, wie es sich entwickelt. Wenn wir schon damit anfangen, dann aber richtig! Dazu gehört das passende Outfit – und unter 60 Minuten lohnt es sich gleich gar nicht. Am besten findet das Lauftraining viermal pro Woche zu festgelegten Zeiten statt und wird durch eine ballaststoffreiche, zuckerarme und vegane Bio-Fairtrade-Keto-Kost unterstützt. Kein Wunder, dass wir uns bei so viel Druck lieber die Decke über den Kopf ziehen und gar nicht erst anfangen. Das wäre ja so, wie wenn du dir vornimmst, den Mount Everest zu besteigen, ohne jemals auf den Hügel nebenan gekraxelt zu sein.

Mit dem negativen Self-Talk und ihren überzogenen Erwartungshaltungen sowie pausenlosen Meckereien töten diese Anteile nicht nur unsere Motivation, sondern sorgen obendrein noch dafür, dass wir uns richtig mies fühlen. Schließlich sind wir dann wieder nicht laufen gegangen. Oder – um alternative Beispiele zu nennen – wir haben unsere Ernährungsumstellung wieder nicht durchgezogen, haben unsere neue Sprachlern-App wieder nicht genutzt oder noch immer keine Bewerbungen losgeschickt, obwohl wir im Job alles andere als glücklich sind. Das befeuert unsere unbearbeiteten negativen Glaubenssätze über uns selbst und dient als vermeintlicher Beweis dafür, dass wir unsere Vorhaben eh nicht schaffen, alle anderen viel besser als wir sind und wir es einfach nicht verdient haben, im Leben voranzukommen und glücklich zu sein. So schließt sich der Kreis.

Besagten Teufelskreis zu durchbrechen ist gar nicht so einfach und doch ist es möglich. Wir können ihn sogar zu einer Positivspirale werden lassen. Um dir zu zeigen, wie das vonstattengehen kann, möchte ich dir drei weitere meiner Glücksreisenden vorstellen. Wie bei den Fallbeispielen zuvor habe ich auch ihnen neue Namen gegeben und sämtliche Identifikationsmerkmale zum Schutz ihrer Person verändert. Nennen wir sie also Viktor, Naomi und Ana.

SCHENKE ALLEN GEFÜHLEN RAUM

Als ich Viktor kennenlernte, war er Ende 40, verheiratet und Vater eines neunjährigen Sohnes. Viktor war pflichtbewusst, gewissenhaft, rational und in seiner Körpersprache stets kühl und leicht distanziert. Er kam mit mehreren Anliegen zu mir ins Coaching. Zum einen wollte er seine Ehe aufpeppen. Seit der Geburt ihres gemeinsamen Sohnes existierten er und seine Ehefrau nicht mehr als romantisches Paar, sondern nur noch als Versorgergemeinschaft. Zum anderen wollte Viktor in seinem Job wieder mehr Zufriedenheit empfinden. Er war damals als Macher mit idealistischen Vorstellungen in seine Branche eingetreten. Mittlerweile fiel ihm zu seiner Arbeit bloß die Beschreibung »nicht schlecht« ein.

Unsere Sitzungen verliefen stets gleich. Zunächst war Viktor höflich und nett und tat so, als ob er eigentlich gar nicht so genau wisse, warum er sich in einem Gespräch mit mir befand. Nach und nach sprudelte seine Unzufriedenheit aus ihm heraus. Es folgte eine kurze Phase der Mutlosigkeit, bis wir die Sitzung mit für Viktor überraschend hilfreichen Erkenntnissen abrundeten und er sich beschwingt verabschiedete. Die Übungen, die ich ihm ans Herz legte, erledigte er trotzdem kein einziges Mal, sodass wir in jeder Sitzung beinahe nahtlos an der letzten ansetzen mussten. Nach einer Weile fragte ich Viktor, woran dies seiner Meinung nach lag.

»Ich weiß es nicht«, antwortet er schulterzuckend und schaut verstohlen in eine andere Richtung.

Ich warte, denn ich bin davon überzeugt, dass alle Antworten bereits in uns stecken. Häufig sind sie uns nur noch nicht bewusst, oder wir kennen sie, wollen sie jedoch aus Scham, Angst vor Ablehnung oder einem anderen Grund nicht äußern. Das Schweigen zieht sich. Viktor bricht schließlich die Stille.

»Manchmal frage ich mich, was ich hier eigentlich mache«, sagt er nüchtern. »Manchmal denke ich mir, dass ich mich einfach zusammenreißen sollte und dass es mir doch gut geht und ich aus einer Fliege einen Elefanten mache, wenn ich mit meinen Themen ins Coaching gehe. Andere haben es doch viel schlechter als ich und machen nicht so ein Problem aus allem.«

Da haben wir den Übeltäter, denke ich mir. Es gibt einen Anteil in Viktor, der seine Probleme kleinredet und mehr Verschlossenheit von ihm verlangt.

Ich erkläre Viktor, dass wir Menschen verschiedene Persönlichkeitsanteile in uns tragen und dass uns manche Anteile unterstützen, während uns andere in bestimmten Situationen oder Lebensphasen blockieren. Dann frage ich ihn, woher der Anteil, der Verschlossenheit von ihm verlangt, kommt. Auch frage ich, wie alt dieser Anteil ist, ob er einen Namen hat und was die positive Absicht sein könnte, die dieser Anteil verfolgt. Denn auch wenn manche innere Stimme Dinge sagt, die uns nicht gefallen oder uns zurückhalten, so hatte dies in der Vergangenheit eine Daseinsberechtigung und verfolgt auch heute noch eine positive, wenn auch fehlgeleitete Intention. Je mehr ich Viktor über das Prinzip der Persönlichkeitsanteile aufkläre, desto mehr scheint sich sein Knoten zu lösen.

»Ich glaube, diesen Anteil habe ich schon seit meiner Kindheit«, meint er schließlich. »Mein Vater wollte immer, dass ich stark bin. Er hat gesagt, dass große Jungen nicht weinen. Wenn er wüsste, dass ich ins Coaching gehe, würde er sich im Grab umdrehen. Und meine Frau fände das mit Sicherheit auch lächerlich.«

Die Aussage von Viktors Vater war natürlich vollkommener Blödsinn. Jeder Mensch kennt Schmerz. Auch darf jeder Mensch weinen und sämtliche anderen Gefühlsregungen zulassen und zeigen. Dabei spielen das Geschlecht, das Alter, die Herkunft, die Religion, die Hautfarbe oder andere demografische Eigenschaften keine Rolle.

Gefühle zu zeigen ist keine Schwäche.
Es ist eine Stärke.

Dass Viktor mit derartigen Aussagen aufwuchs, ist nicht sein Verschulden. Als Kinder werden wir einigen Prägungen ausgesetzt, auf die wir vermutlich gut und gerne verzichten könnten und auf die wir doch keinen Einfluss haben.

Auch möchte ich Viktors Vater ungern die Schuld in die Schuhe schieben. Schließlich hat er diese »Weisheiten«, ähnlich wie sein Sohn von ihm, wahrscheinlich auch bloß von seinem eigenen Vater oder einer anderen Bezugsperson gelernt und unreflektiert übernommen. Bei diesem Phänomen sprechen wir im Fachjargon von transgenerationaler Übertragung.

Generell geht es mir nicht um die Frage der Schuld, da dies ein problemorientierter Ansatz ist. Er macht das Geschehene nicht rückgängig und bringt uns unseren Zielen kaum näher. Für mich stellte sich in dieser Situation vielmehr die Frage, wie Viktor einen anderen Umgang mit dieser Prägung erlernen und einen bewussteren Umgang mit seinem Sohn pflegen könnte. Denn nur so kann die transgenerationale Übertragung durchbrochen und verhindert werden, dass auch die folgenden Generationen derartigen Erwartungshaltungen und Meinungen ausgesetzt werden.

Wir tauchten also tiefer in das Thema ein, und im weiteren Gesprächsverlauf stellte sich heraus, dass noch weitere Anteile eine Rolle dabei spielten, dass sich Viktor seinen Vorhaben nicht widmete und seine Pläne sabotierte. Sie verspotteten ihn regelrecht, was dazu führte, dass er sich selbst, seine Bedürfnisse und Ziele nicht ernst nahm. Hinter diesen Anteilen versteckten sich insbesondere drei limitierende Glaubenssätze:

- »Wenn ich um Hilfe bitte, bin ich schwach.«
- »Wenn ich Schwäche zeige, werde ich nicht mehr geliebt.«
- »Ich darf mich nicht schlecht fühlen, weil es anderen schlechter geht als mir.«

Viktors skeptische Anteile und die dahinterstehenden negativen Glaubenssätze wirkten wie ein Stoppschild: Jedes Mal wenn er für sich losgehen wollte, stellten sie sich ihm in den Weg und blockierten die Route. Ein Bewusstsein über diesen Sachverhalt zu erlangen und die Persönlichkeitsanteile zu stärken, die seine Reise ins Glück befürworteten, half ihm dabei, sich selbst wieder ernst zu nehmen und die Übungen aus unseren Sitzungen umzusetzen. Auch fanden wir dadurch eine Lösung, wie er sich selbst auf seinem Weg mit Respekt begegnen konnte. Er sprach offen mit seiner Frau über seine Gefühle und sein Vorhaben und wurde positiv überrascht, als sie sein Projekt guthieß. So entstand für ihn eine Positivspirale, in der er sein partnerschaftliches Ziel genauso angehen konnte wie sein Ziel, wieder mehr Freude im Job zu empfinden.

Falls auch du schon mal das Gefühl hattest, dass auf deinem Weg nur rote Ampeln sind und du dir selbst eine Grünphase schaffen möchtest, können dich die folgenden Fragen weiterbringen:

- Welche Stimmen melden sich in deinem Kopf zu Wort, die dich unterstützen und deine Pläne gutheißen?
- Welche Stimmen trägst du in dir, die dich blockieren und zurückhalten? Woher können diese Stimmen kommen, und was ist die positive Absicht, die vermutlich hinter ihnen steckt? Inwieweit wollen sie dich schützen?

- Wie kannst du diesen blockierenden Anteilen begegnen, damit sie locker lassen? Wie kannst du sie beschwichtigen? Welche anderen Anteile dürfen öfter hervortreten, und wie kannst du im Alltag sicherstellen, dass du dich daran erinnerst?

Unseren inneren Stimmen zu lauschen und sie in Ruhe kennenzulernen, kann uns eine Menge Klarheit schenken und unser Verständnis für uns selbst stärken. Dadurch können wir uns selbst mit mehr Liebe begegnen. Doch auch wenn sich die Befassung mit den inneren Stimmen lohnt, so ist dieser Prozess nicht immer leicht. Sollte dir diese Übung zu Beginn schwerfallen, begegne dir selbst mit Geduld und Mitgefühl.

Gönne dir und deinem Wachstum Zeit.
Betrachte es wie einen Schmetterling, der zunächst als Raupe ins Leben startet und sich anschließend durch einen Kokon kämpfen muss, um sich in seiner vollen Schönheit und Pracht zu entfalten.

VERGISS NIE, WIE EINZIGARTIG DU BIST

Nicht nur Viktors Geschichte kann uns etwas darüber lehren, wie unsere inneren Anteile unseren Alltag, unsere Entscheidungen und unser Vorankommen im Leben beeinflussen können. Auch Naomis Geschichte schenkt uns weitere wertvolle Erkenntnisse.

Naomi entschied sich nach einer Trennung für »Die Glücksreise«. Sie stand an einem Wendepunkt in ihrem Leben und wollte ein starkes Fundament für ihre nächsten Schritte schaffen. In einer unserer Sitzungen fiel ein Satz, den so oder so ähnlich schon zahlreiche meiner Glücksreisenden haben verlauten lassen.

»Manchmal habe ich Angst, dass ich niemanden mehr kennenlernen werde«, sagt Naomi und bezieht sich damit auf romantische Beziehungen und ihre Sorge, keinen passenden Partner zu finden. »Mein Leben kommt mir einfach so arg durchschnittlich vor, und ich kann mir nicht vorstellen, dass mich irgendjemand interessant finden könnte.«

»Hast du nicht mehrere Jahre lang in Peru gelebt?«, sprudelt es aus mir heraus. »Das finde ich ganz und gar nicht durchschnittlich.«

»Ja, schon«, antwortet Naomi. »Allerdings war das nicht mein Verdienst. Meine Eltern sind mit mir nach Peru gegangen, als ich ein kleines Kind war. Ich würde mich nicht damit rühmen. Schließlich kann man sich nicht aussuchen, bei welchen Eltern man geboren wird, und dass meine Eltern abenteuerlustig waren, hat noch lange nichts mit mir zu tun.«

»Prinz Harry ist berühmt, weil er in eine royale Familie hineingeboren wurde. Das war auch nicht sein Verdienst und doch führt er ein alles andere als durchschnittliches Leben. Meinst du nicht auch?« In der Regel stelle ich offene Fragen, auf die man nicht mit einem plumpen Ja oder Nein antworten kann. Doch gelegentlich setze ich geschlossene Fragen gezielt ein, um meinen Standpunkt zu unterstreichen oder einen Sachverhalt besonders deutlich zu machen.

»Stimmt, da hast du recht«, gibt Naomi lächelnd zu.

»Aber mal angenommen, du wärst wirklich so durchschnittlich, wie du meinst …«, fahre ich fort und frage sie, wann sie das letzte Mal jemanden interessant fand. Dann füge ich hinzu: »Was war an diesem Menschen überdurchschnittlich?«

Sie überlegt kurz und antwortet schließlich: »Überdurchschnittlich war er nicht. Er sah ganz gut aus, hatte einen vernünftigen Job … Er war nett.«

»Und obwohl er in deinen Augen durchschnittlich war, fandest du ihn interessant?«, frage ich weiter. Naomi nickt. »Mal angenommen, du wärst wirklich so durchschnittlich, wie du meinst – wieso sollte es anderen bei dir nicht auch so gehen?«

»Ja, das stimmt schon«, antwortet sie schmunzelnd. »Ich bin vermutlich wieder zu streng mit mir selbst, oder?«

Ich lasse ihre Frage im Raum stehen, weil es nicht darum geht, was »zu streng« für mich bedeutet. Ich wünsche mir, dass Naomi für sich entscheidet, wie streng, wie liebevoll, wie ambitioniert und wie gelassen sie mit sich selbst umgehen möchte. Meine Aufgabe besteht nicht darin, eine Bewertung abzugeben, so als wäre ich eine Lehrerin und als würde Naomi bei mir die Schulbank drücken. Meine Aufgabe ist es, hier und da einen Denkanstoß zu liefern, eine neue Perspektive aufzuzeigen und mein Gegenüber wertschätzend darauf hinzuweisen, wenn es mit zwei unterschiedlichen Maßbändern misst.

»Trotzdem fällt es mir schwer, beim Dating wirklich ich selbst zu sein«, fährt Naomi schließlich fort. »Letztens habe ich zum Beispiel mit jemandem geschrieben. Es war mir zu peinlich zu sagen, dass ich am Samstagabend allein zu Hause saß. Deswegen habe ich gelogen und ihm erzählt, dass ich mit einer Freundin unterwegs bin.«

»Was findest du daran peinlich, am Samstagabend allein zu Hause zu sein?«, frage ich sie.

»Na ja, es ist nicht normal, mit 29 Jahren am Wochenende abends nichts zu machen. Schon gar nicht hier in Berlin«, erwidert Naomi in einem Ton, der die Vermutung nahelegt, dass es sich hierbei um eine bewiesene Tatsache handelt.

»Bedeutet das, dass der normale, durchschnittliche Berliner beziehungsweise die normale, durchschnittliche Berlinerin am Wochenende jeden Abend ausgeht?«

»Ja, das würde ich so sagen«, antwortet Naomi.

»Ist es dann nicht gut, wenn du es nicht tust? Schließlich willst du nicht durchschnittlich sein?«, frage ich und bin mir des Hauches von Sarkasmus durchaus bewusst. Ab und zu setze ich ihn gezielt ein, jedoch nur, wenn ich weiß, dass mein Gegenüber gut damit zurechtkommt und ihn einzuordnen weiß. Bei Naomi ist das der Fall. Sie schmunzelt.

In unserer weiteren Arbeit stellte sich heraus, dass beim Dating mehrere ihrer Anteile miteinander rangen.

Zum einen war da »der Grinch«. Der Grinch war nach außen hin mürrisch, doch er verdeckte damit bloß eine unterschwellige Angst vor Verletzungen. Er hatte es sich zur Aufgabe gemacht, Naomi von ihrem Dating-Vorhaben abzuhalten, denn wenn sie niemanden kennenlernte, dann könnte sie auch niemand enttäuschen. Er sabotierte sie aus einer gut gemeinten, aber völlig verzerrten und fehlgeleiteten Intention heraus.

Einen weiteren Anteil nannte sie »die Prinzessin«. Die Prinzessin wünschte sich für Naomi einen tollen Kerl, der sie auf Händen trug und in ihr etwas ganz Besonderes sah. Damit das geschah, hübschte sie ihr Dating-Profil künstlich auf und gab sich bei Dates als besonders witzig und geistreich aus. Ihre wahren Gefühle und Bedürfnisse versteckte die Prinzessin hinter einer ausgeklügelten Fassade. Sie meinte es damit bloß gut und wollte erreichen, dass Naomi endlich ihren Traumprinzen dingfest machte. Dass sie das Fundament für ihr Märchenschloss auf Sand erbaute, war der Prinzessin leider vollkommen unklar.

Diese zwei lauten Stimmen verfolgten gegensätzliche Ziele und machten Naomi das Leben ziemlich schwer. Der Grinch wollte, dass sie sich einigelt und zurückzieht, und die Prinzessin wollte, dass sie sich in die Dating-Welt stürzt und dabei stets zauberhaft wirkt. Im Gezanke zwischen den zweien ging eine zaghafte Stimme beinahe unter. Es handelte sich um »die Vertrauensvolle«.

Die Vertrauensvolle glaubte fest daran, dass sich Naomi für die Liebe öffnen konnte und dass da draußen jemand war, der sie gut fand, wie sie war. Sie hatte keine Lust auf Spielchen und wollte der Männerwelt weder die kalte Schulter zeigen, noch wollte sie sich als völlig makellos darstellen – denn das war sie einfach nicht und damit war dieser Anteil im Reinen.

Die Vertrauensvolle wiederzuentdecken war für Naomi, als blicke sie in einen Spiegel und würde sich zum ersten Mal seit langer Zeit so sehen, wie sie wirklich war: manchmal witzig und manchmal ernst, ein großer Fan von Puzzles, langen Waldspaziergängen und Serien, vielseitig interessiert, wertschätzend, geistreich und ehrgeizig. Als Folge entschied sich Naomi dazu, ihr Dating-Profil erbarmungslos ehrlich zu gestalten und beim Schreiben mit Männern darauf zu achten, dass sie die Wahrheit sagte – auch wenn diese nicht so fancy war wie eine Szene aus *Sex and the City*.

Zu der Zeit, als ich dieses Buch schreibe, ist Naomi weiterhin Single. Anders als zuvor fühlt sie sich nun jedoch mit diesem Zustand wohl. Sie genießt es, neue Menschen kennenzulernen, und obwohl für sie noch nicht der Richtige dabei war, vertraut sie darauf, dass sie in nicht allzu ferner Zukunft eine glückliche Beziehung führen wird. Und das wird eine Beziehung sein, in der ihr Gegenüber sie toll findet, und zwar so, wie sie wirklich ist.

Vielleicht hast du dir auch schon mal eine erfüllte Beziehung gewünscht, in der du dich begehrenswert fühlst und gleichzeitig dein authentisches Selbst ausleben kannst. Und vielleicht hast auch du dich trotz deines Zieles vor der Liebe verschlossen oder ständig nur die »falschen« Männer beziehungsweise Frauen angezogen, die Dinge von dir verlangten, die dir widerstrebten, oder dich in einer anderen Form verändern wollten. In diesem Fall lohnt es sich zu schauen, welche inneren Stimmen dich in deinem Liebesleben leiten und wie sie mit dir sprechen. Um deinem Liebesleben eine positive Richtung zu verpassen, reflektiere über die folgenden Fragen:

- Was wünsche ich mir in einer Partnerschaft? Was ist mir besonders wichtig? Was ist ein absolutes No-Go?
- Welche Art von Frau oder Mann möchte ich in einer Partnerschaft sein? Was macht mich darin aus?
- Welche inneren Stimmen leiten mich in meinem Liebesleben? Wie beeinflussen sie Dating-Phasen und Beziehungen?
- Welche Motive verfolgen diese Stimmen? Welche Stimmen verfolgen die Motive, die mich in meinen Zielen unterstützen? Wie kann ich diese Stimmen stärken?

Vergiss nie: Es ist ein Glück, dass es dich gibt.
Du musst dich nicht verstellen, um besonders zu sein.
Und du musst dich in der Liebe nicht beweisen.
Sei du selbst und der Rest wird folgen.

SEI DEIN FREUND UND PARTNER

Du hast bereits erfahren, wie Viktors und Naomis Anteile das Leben der beiden beeinflusst haben. Vielleicht trägst auch du – wie Viktor – einen Anteil in dir, der von dir mehr Verschlossenheit verlangt und will, dass du stark bist, obwohl du dich gerade nach einer Schulter zum Anlehnen sehnst. Vielleicht hast du dich in Naomis Geschichte wiedererkannt, weil auch du einen Anteil in dir trägst, der sich die große Liebe wünscht, und einen anderen, der nicht mehr daran glaubt. Oder dir ergeht es wie Ana, die einen weiteren Persönlichkeitsanteil in sich trägt, der in unserer heutigen Leistungsgesellschaft leider stark verbreitet ist …

Wenn Ana ein Tier wäre, dann vermutlich eine Biene, so emsig und fleißig, wie sie ist. Als ich Ana kennenlernte, hatte sie einen anspruchsvollen Job, eine Beziehung, einen großen Freundeskreis, zahlreiche Hobbys und vor allem eines: Stress. Ihre Erwartungen an sich selbst waren groß, und es fiel ihr schwer, mal nichts zu tun und abzuschalten. Pausen vermittelten ihr das Gefühl, etwas zu verpassen und den Anschluss an ihre Vorbilder und Idole zu verlieren. Sie hatte große Pläne, und diese meinte sie nur erreichen zu können, wenn sie durchpowerte. Ihr Körper und ihre Psyche sahen das allerdings anders und straften sie mit Nervosität, Kopfschmerzen und Schlafproblemen ab. Sie kam zu mir ins Coaching, um zu lernen, wie man zu den eigenen Ansprüchen Nein sagen und sich bewusst und regelmäßig Auszeiten nehmen kann.

»Wie laufen Pausen normalerweise bei dir ab?«, frage ich Ana. Ihre Antwort kommt wie immer zügig und scheinbar ohne dass sie Luft holen würde.

»So richtig kommen Pausen bei mir gar nicht zustande. Letzten Sonntag zum Beispiel habe ich mich mit einem Buch auf die Couch gelegt, und kaum hatte ich den ersten Satz gelesen, fiel mir ein, dass ich noch die Präsentation für das nächste Meeting fertig machen musste.«

»Und dann?«, frage ich weiter.

»Ich hab mir eine Notiz ins Handy getippt. Aber als ich meine Notizen-App geöffnet habe, habe ich all die anderen To-dos gesehen, die ich schon seit Ewigkeiten erledigen wollte. Da habe ich Panik bekommen, das Buch zugeklappt und mich wieder an den Schreibtisch gesetzt«, antwortet Ana hastig und mit einem Anflug von Frustration.

»Wie hat sich das für dich angefühlt?«

»Schlecht«, erklärt sie spontan. »Wobei, zuerst nicht ... Zuerst hatte ich das Gefühl, dass ich das genau richtig mache. Es hat sich sogar befriedigend angefühlt, ein paar Punkte von meiner Liste abzuhaken.« Sie räuspert sich und fährt fort: »Dann sind mir allerdings tausend neue Aufgaben eingefallen, und ich hatte das Gefühl, dass diese Liste niemals enden wird, und dann war der Sonntag rum, und ich war genervt, dass ich mich wieder nicht entspannt habe und am nächsten Tag früh raus musste.«

Ich kenne das Gefühl, das Ana mir beschrieben hat, sehr gut aus meiner Vergangenheit. Auch in mir ist die Bienchen-DNA so tief verankert, dass ich mir auch heute noch des Öfteren auf die Finger klopfen muss, um To-do-Listen einfach mal To-do-Listen sein zu lassen und mich den Dingen zu widmen, die »nur« Spaß machen, jedoch keinen höheren Zweck verfolgen.

»Du meinst, du hättest das Gefühl gehabt, dass diese Liste niemals enden wird. Was wäre, wenn du recht hast?«, frage ich weiter.

»Das wäre schrecklich!«, schießt es aus Ana heraus.

»Für wen wäre es schrecklich?«

Sie schaut mich irritiert an: »Na, für mich wäre das schrecklich.«

»Ist das wirklich so? Welche konkreten Auswirkungen hatte es denn bisher, dass deine Liste nicht abgearbeitet ist?«, bohre ich weiter nach. Manchmal passiert es, dass wir eine Sache als besonders schlimm einstufen und irgendwann nicht mehr hinterfragen, ob diese Sache tatsächlich derart schlimm wäre oder wir unsere Einschätzung überdenken dürfen.

»Das weiß ich nicht genau, weil ich keinen Vergleich habe. An sich läuft es in meinem Leben okay, aber dann kommt ständig diese fiese kleine Stimme, dass ich auch schon viel weiter sein könnte.«

Damit hat mir Ana eine super Vorlage geliefert, um in die Teilearbeit zu gehen. Ich erkläre ihr, dass wir Menschen verschiedene Persönlichkeitsanteile besitzen, die sich gerne als Stimme in unserem Kopf äußern, und frage sie, welcher Anteil sich hinter der von ihr erwähnten Stimme verstecken könnte.

Ana kann sich schnell in diese Thematik einfinden, wie ihre Antwort zeigt.

»Das ist ganz klar mein ambitionierter Anteil«, sagt sie und verzichtet vorerst auf einen blumigen Titel.

»Seit wann gibt es diesen Anteil?«, möchte ich wissen.

»Schon immer«, lautet die prompte Antwort. »Wirklich seitdem ich denken kann. Es ist mir einfach wichtig, etwas im Leben zu erreichen.«

Für den Rest dieser Sitzung und in den nächsten Sitzungen tauchten wir tiefer in das Thema ein und untersuchten die Motivation, die hinter Anas ambitioniertem Anteil stand. Wir wollten herausfinden, was ihn so bissig machte und wie er es schaffte, ihre anderen Anteile zu kleinlauten Lakaien zu machen und sie immer weiter anzutreiben.

Schließlich fanden wir heraus, dass sich hinter dem ambitionierten Anteil ein anderer versteckte: Anas ängstliche Stimme. Ana wurde bereits in ihrer frühen Kindheit mit den existenziellen Sorgen ihrer Eltern konfrontiert und finanzielle Ängste hatten tiefe Wurzeln in ihr geschlagen. Ihr ängstlicher Anteil wollte Ana davor schützen, wie ihre Eltern früher bei allem stets auf Geld schauen zu müssen. Dabei ging dieser Anteil gewieft vor. Er stellte sich nicht gerne in den Vordergrund, sondern flüsterte ihr und ihren anderen Anteilen nur ganz leise seine Botschaften zu. Einen Freund und Beschützer fand die Ängstliche in Anas ambitioniertem Anteil, der einen schützenden Arm um sie legte und das Ruder übernahm. Er fungierte wie ein Bodyguard und befahl Ana, fleißig und in ihrem Job anerkannt zu sein. So verschaffte er der Ängstlichen ein Gefühl von Sicherheit und Kontrolle.

Bedauerlicherweise machte der Bodyguard, also Anas ambitionierter Anteil, seinen Job zu gut und wollte auch in der Freizeit nicht lockerlassen. Ihm gefiel die Position im Chefsessel, und er machte keine Anstalten, diesen zu verlassen.

Ana und ich stellten die Szene schließlich mit kleinen Figürchen nach. Wir packten auch ein paar ihrer anderen Persönlichkeitsanteile auf die Bühne ihres Lebens.

Ganz präsent in der Mitte thronte der Bodyguard, wie wir ihn von nun an nannten. Nah hinter ihm standen die Ängstliche und nicht weit entfernt

Anas innerer Kritiker und der innere Perfektionist. Diese Gang dominierte die Szene und lenkte den Fokus aller Beteiligten auf sich. Am Rand unserer provisorischen Bühne standen die Mutige, die Gelassene und einige weitere Anteile. Ich fragte Ana, wie ihr das Bühnenbild gefiel, und stieß auf wenig Begeisterung. Im Anschluss bat ich sie, die Bühne umzugestalten, sodass sie ihr mehr zusagte. Schließlich fragte ich sie, was sie braucht, um im Alltag ihren Fokus umzulenken und dieses Bühnenbild mit ihren Anteilen umzusetzen.

Ana erkannte, dass ihr Bodyguard zu stark war, um ihn mir nichts, dir nichts vom Thron zu stürzen. Diese Kraft hatte sie zu dem Zeitpunkt nicht. Also tricksten wir ihn aus: Wir erkannten, dass der Bodyguard ehrgeizige und messbare Ziele mochte. Als Konsequenz formulierten wir Entspannungsziele, die konkrete Zeiten und Aktivitäten umfassten, durch die sich Ana regelmäßige Erholung verschaffen würde. Der Bodyguard fand das super, da wir seinen Vorlieben entgegengekommen waren. Auch die Ängstliche hatte nichts dagegen einzuwenden, weil ihr feste Pläne ein Gefühl von Sicherheit verschafften. Der größte Gewinn für Ana war jedoch, dass sie nun endlich wusste, wie sie abschalten konnte, und dass sie tatsächlich an ihrem Vorhaben dranblieb.

Wie es häufig der Fall ist, erschien Ana ihre Lösung im Nachhinein offensichtlich. Die Ursache dafür ist in meinen Augen, dass wir bereits alle Antworten auf unsere Fragen in uns tragen. Meine Aufgabe ist es, meinen Glücksreisenden dabei zu helfen, sie an die Oberfläche zu holen und altes oder unbewusstes Wissen sichtbar zu machen.

Wenn du das nächste Mal vor einem schier unlösbaren Problem zu stehen scheinst, erinnere dich daran: Du trägst die Lösung bereits in dir. Deine Aufgabe ist bloß, sie wiederzuentdecken.

Sollte es dir schwerfallen, dich zum aktuellen Zeitpunkt im Detail mit deinen Persönlichkeitsanteilen auseinanderzusetzen, können dir auch andere Fragestellungen bei der Erarbeitung einer Lösung helfen:

- Wann hast du in der Vergangenheit bereits eine ähnliche Hürde gemeistert und was hat dir damals geholfen?
- Wer aus deinem Umfeld hat schon mal eine ähnliche Herausforderung gehabt und wie ist diese Person damit umgegangen? Was kannst du daraus für dich mitnehmen?
- Welche Fähigkeiten und Ressourcen bräuchtest du noch, um dein Problem zu lösen, und wie kannst du diese erlangen?

BEGEGNE DIR SELBST MIT LIEBE

Nicht nur meine Glücksreisenden beschäftigen sich intensiv mit sich selbst und ihren inneren Stimmen, um ihr Leben im Einklang mit ihrem authentischen Sein zu gestalten und ihr volles Potenzial auszuschöpfen. Auch für mich handelt es sich um einen fortlaufenden Prozess, da die Arbeit an den eigenen Prägungen nach meiner Erfahrung niemals abgeschlossen ist. Erst vor wenigen Monaten lernte ich einen neuen Anteil von mir kennen, was mir beinahe den Boden unter den Füßen wegzog …

Ich erwischte mich dabei, wie mich bestimmte Kennzahlen meiner Selbstständigkeit enorm unter Druck setzten. Dazu gehörte meine Reichweite auf Instagram, also die Anzahl an Menschen, die regelmäßig meine Beiträge lasen. Ich habe Instagram früher nie privat genutzt und mir erst zugelegt, um meine Botschaften zum Thema Lebensglück in die Welt zu tragen. Meine Beiträge erstelle ich mit viel Liebe zum Detail, und ich investierte zum damaligen Zeitpunkt täglich ein bis zwei Stunden, um neue Inhalte zu kreieren.

Ab einem bestimmten Zeitpunkt spielte der Algorithmus meine Posts und Storys nicht mehr im gewohnten Rahmen aus. Mein Wachstum stagnierte und mit ihm meine Motivation. Der tägliche Blick in das soziale Netzwerk nervte mich und die Erstellung neuer Beiträge empfand ich plötzlich als anstrengend. Ich fragte mich, worin meine Reaktion begründet war, und stellte fest, dass mich das Thema nicht deshalb frustrierte, weil ich auf Likes fixiert gewesen wäre. Mir geht es auch nicht darum, mein Selbstwertgefühl durch die Anzahl meiner Follower aufzupeppen. Ich weiß, dass der eigene Wert nur in einem selbst zu finden ist und jeder Versuch, ihn im Außen festzumachen, früher oder später zum Scheitern verurteilt ist. Mir geht es auf Instagram darum, möglichst viele Menschen zu erreichen, weil ich felsenfest von der Wirksamkeit meiner Methoden und Ansätze überzeugt bin und sie einem breiten Publikum zugänglich machen möchte. Und so fragte ich mich: *Wenn nicht mein Selbstwertgefühl das Problem ist, warum wurmt mich diese Angelegenheit dermaßen?*

Zunächst glaubte ich, dass das temporäre Schrumpfen meiner Reichweite eine Unzufriedenheit in mir auslöste, weil es meiner Vision im Weg stand, möglichst vielen Menschen mit meinen Methoden zu helfen. Hinzu kam, dass ich nicht verstand, worin das Problem lag und was ich ändern müsste, um den Algorithmus wieder gnädig zu stimmen. Dinge nicht zu verstehen hat mich schon immer frustriert. Ganz lapidar ausgedrückt: Ich kann es nicht leiden. Mir wäre es lieber gewesen, eine Lösung zu kennen, auch wenn diese in weiter Ferne lag und viel Anstrengungen und Mühe bedeutete. Im Wasser des Nichtwissens zu schwimmen war für mich hingegen ein Graus.

Rational wusste ich jedoch, dass meine neuerdings eingeschränkte Reichweite nicht welterschütternd schlimm war. Ich hatte auch noch meinen Blog und meinen Podcast »Glücklichsein« und somit andere Wege, um meine Community zu erreichen. Auch war mir klar, dass sich hinter dem sozialen Netzwerk ein ausgeklügeltes System versteckt, das nach feststehenden Kriterien entscheidet, welche Inhalte priorisiert werden und welche weniger Reichweite erhalten. Irgendwann, so war ich überzeugt, würde ich mein Verständnis dieser Kriterien stärken und das Blatt würde sich wieder wenden.

Obwohl ich mir diese Argumente wiederholt ins Gedächtnis rief, beruhigten sie mich nicht. Ich spürte, dass ich mit meinem bewussten Verstand an dieser Stelle nicht weiterkam, und wendete mich dem Fühlen zu. Ich gab mich voll und ganz meiner Emotionswelt hin und spürte in meiner Brust etwas, was sich bildlich wohl am ehesten als brennender Feuerball bezeichnen lässt. Da waren Hitze, Druck und eine Menge Energie, die meinen Körper unter Spannung setzte und sich einen Weg nach außen verschaffen wollte. Ich ging dem weiter nach und dann kam die Erkenntnis: Ich hatte das Gefühl, dass mich der Algorithmus absichtlich *schlecht behandelt*. Und dann tauchte der Gedanke auf: »*Immer* werde ich benachteiligt!«

Es huschten unzählige Bilder aus der Kindergarten- und Schulzeit, aus den Studienjahren und aus der Zeit meines Angestelltenverhältnisses durch meinen Kopf – mit Situationen, in denen ich den Eindruck hatte, dass andere bevorzugt wurden und ich zu kurz kam.

Die wohl älteste Erinnerung versetzte mich zurück in mein vierjähriges Ich. Damals hatte ich ein Bilderbuch mit der Geschichte von Cap und Capper mit in den Kindergarten genommen: eine Geschichte über einen Hund und einen Fuchs, die befreundet waren, aber durch das Leben auseinandergetrieben wurden. Ein Zwillingspaar aus meiner Gruppe riss mir das Buch aus der Hand und eine Seite heraus. Ich war tief getroffen. Schon damals waren mir Bücher heilig und sie in einem unversehrten Zustand zu belassen war mir enorm wichtig. Selbst Eselsohren oder Leserillen machen mich kirre, aber dass eine komplette Seite gewaltsam aus meiner Lektüre entfernt wurde, machte mich regelrecht rasend vor Wut – und ich wehrte mich. Die Eskalation resultierte darin, dass weder die Zwillinge noch ich nachmittags zum Spielen mit den anderen Kindern in den Garten gehen durften. Wir mussten zu dritt drinbleiben. Die beiden hatten sich und ich hatte meine Enttäuschung. Ich fühlte mich vollkommen alleingelassen und missverstanden, da meine Opponenten mit den Sticheleien angefangen und ich mich in meinen Augen zu Recht verteidigt hatte. In diesem Moment entwickelte ich einen Anteil, der sich ungerecht behandelt fühlte.

Von da an trat dieser Anteil stets in Erscheinung, wenn ich Ungerechtigkeit mir gegenüber witterte, und bestärkte mich in meinem negativen Glaubenssatz, dass ich *immer* benachteiligt werde. In den Situationen, in denen ich neutral behandelt oder sogar bevorzugt wurde, schwieg er still. An Kraft verlor er deshalb jedoch keineswegs.

Als mir dies klar wurde, fielen mir nicht nur Schuppen, sondern ganze Fische von den Augen. Nachdem ich im Kontext von Liebesbeziehungen meine Opferrolle erfolgreich abgelegt hatte und so stolz auf mich war, konnte ich es kaum fassen, dass ich mir auch in anderen Kontexten das Opferkostüm angezogen hatte. Ich schämte mich für meinen Glaubenssatz, im Leben zu kurz zu kommen, weil er mir irrational und undankbar erschien. Auch schämte ich mich dafür, dass ich ihn nicht früher erkannt hatte. Aufgrund meiner Scham haderte ich mit mir, ob ich diese Geschichte in mein Buch aufnehmen oder lieber weglassen sollte. Dazu gesellte sich der Gedanke: Was werden meine Leser und Leserinnen über mich denken, wenn ich einen Aufstand wegen eines Kinderbuchs veranstalte? Anderen ist in ihrer Kindheit bestimmt viel Schlimmeres passiert ...

Doch genau das ist der Punkt. Auch mir sind in meiner Kindheit Dinge widerfahren, die schmerzhafter als dieser Zwischenfall waren. Hier geht es allerdings nicht um einen Wettbewerb mit dem Motto »Die traurigste Geschichte gewinnt«. Es geht nicht darum, dass mein Erlebnis im Vergleich mit anderen Geschichten oder aus der Sicht eines Erwachsenen unspektakulär erscheint. Vielmehr geht es darum, dass auch ein vermeintlich banales Erlebnis, bei dem wir als erwachsene Menschen bloß abwinken, tiefe Wunden bei einem Kind erzeugen kann. Die daraus entstehenden Persönlichkeitsanteile können in unserem Unterbewusstsein wachsen und unser gesamtes Leben lang einen maßgeblichen Einfluss auf unseren Erfolg im Job, die Harmonie in unseren Beziehungen und sämtliche anderen Lebensbereiche haben.

Obwohl es mir nicht leichtfiel, beschloss ich, meinen Grundwerten von Authentizität und Ehrlichkeit gerecht zu werden und mich in diesem Buch nicht in einem verklärenden Licht darzustellen, sondern mich auch von meiner verletzlichen Seite zu zeigen. Ich legte die Scham zur Seite. Und ich legte den Gedanken zur Seite, kein Anrecht auf meine Gefühle zu haben, nur weil es manch anderem schlechter erging. Die eigenen Gefühle aus Angst vor Ablehnung zu untergraben ist ein Vorgehen, das ich bei vielen

Menschen beobachte. Die Folgen sind oftmals ein beschädigtes Selbstwertgefühl, Unzufriedenheit, innere Unruhe und gelegentlich starke Gefühlsausbrüche, wenn sich die unterdrückten Emotionen Bahn brechen.

Mit meiner Geschichte möchte ich auch dich ein Stück weit von deiner Angst und Scham befreien. Denn du bist damit nicht allein.

Egal, wie beschämend oder absurd dir deine Gedanken oder Gefühle manchmal vorkommen mögen: Sie sind es nicht.

Im Leben werden uns Wunden zugefügt, von denen wir häufig nicht ahnen, wie sehr sie uns formen und beeinflussen. Wir tragen keine Schuld an diesen Wunden. Wir müssen sie nicht verstecken und uns ihretwegen schämen. Unsere Aufgabe liegt einzig und allein darin, sie uns zuliebe zu heilen.

Mir war klar: Ich möchte meinem Persönlichkeitsanteil, der sich unfair behandelt fühlt, mit Würde und Mitgefühl begegnen und ihn beruhigen, um mir im Alltag mehr innere Ruhe und bei der Arbeit mehr Gleichgewicht zu schenken. Wie ging es also nach meiner Erkenntnis für mich weiter?

Ich besprach das Thema mit meiner Coachin, denn wie viele Kollegen und Kolleginnen nehme auch ich professionelle Hilfe in Anspruch, wenn ich auf Blockaden stoße. Ich finde es vollkommen normal, dass sich auch Coaches, Psychologen und Psychologinnen sowie Psychotherapeuten und Psychotherapeutinnen bei Bedarf professionelle Unterstützung holen. Wir alle haben blinde Flecken und niemand sollte seine Probleme allein bewältigen müssen.

Ich erzählte meiner Coachin daher, dass das Gefühl, nicht fair behandelt zu werden, in mir eine Unlust hervorrief und meiner Motivation stets für einige Tage einen heftigen Dämpfer versetzte. Auch räumte ich ein, dass ich als Reaktion darauf weniger produktiv war und in meinem ansonsten so geliebten Job nicht mehr meine üblichen 120, sondern vielleicht noch 80 Prozent gab. Ich stellte klar, dass ich es grundsätzlich absolut menschlich finde, produktive und weniger produktive Phasen zu haben. Das Problem an diesem Ablauf war – so erklärte ich es meiner Coachin – meine anschließende Bewertung: Durch meine verringerte Produktivität schaffte ich weniger, bekam weniger positives Feedback in Form meiner Kennzahlen und fühlte mich in meiner Annahme bestätigt, dass ich sowieso gerade unfair behandelt werde. Wir waren uns daraufhin einig: Hierbei handelt es sich um ein Paradebeispiel für den Teufelskreis, in den uns limitierende Glaubenssätze stürzen.

Wir erkannten, dass meinem Persönlichkeitsanteil, der sich unfair behandelt fühlte, Ärger und Kränkung zugrunde lagen und dass es nichts bringen würde, ihn hart zur Seite zu schieben. Das hatte ich zuvor probiert und es war mir nicht gelungen. Stattdessen legte ich in einer Sitzung meine Hand auf meine Brust, genau da, wo ich den Feuerball spürte, und sagte zu meinem Anteil: »Ich sehe dich und ich verstehe dich.« Ich wiederholte es ein paarmal: »Ich sehe dich und ich verstehe dich.«

Für einige mag das seltsam klingen, doch mir hat es geholfen. Ich hatte nun nicht nur eine rationale Erklärung für meine Gefühle und mein Verhalten, sondern schenkte mir durch mein Mitgefühl mit mir selbst eine Menge Ruhe und Frieden.

Seit dieser Sitzung sabotiere ich meine Arbeitsmotivation und meinen Erfolg nicht mehr selbst. Das Heilmittel für den besagten Persönlichkeitsanteil war in erster Linie Mitgefühl und Verständnis. In zweiter Linie war es Dankbarkeit, wie sich wenig später zeigte. Auch wenn Dankbarkeitspraktiken schon zuvor eine große Rolle in meinem Leben gespielt hatten, schenkte ich ihnen dadurch noch mehr Aufmerksamkeit.

Wenn sich der Persönlichkeitsanteil, der sich unfair behandelt fühlt, heutzutage mal wieder zu Wort meldet, dann begrüße ich ihn zunächst und sage: »Da bist du ja.« Indem ich ihn als separat von mir identifiziere, schaffe ich einen Raum zwischen meinem bewussten Ich und dem Anteil und bewahre einen gesunden Abstand. Dann rufe ich mir drei Geschehnisse aus der jüngeren Vergangenheit vor Augen, bei denen es außerordentlich gut lief und für die ich eine tiefe und ehrliche Dankbarkeit empfinde. Innere Unruhe und Frustration habe ich so gegen Gelassenheit und positive Energie eingetauscht.

VERWEISE DEINEN INNEREN SCHWEINEHUND IN SEIN HUNDEBETTCHEN

Wie du an den Fallbeispielen von Viktor, Naomi und Ana sowie an meiner persönlichen Geschichte sehen konntest, gibt es eine ganze Reihe von Persönlichkeitsanteilen, die es gut mit uns meinen, jedoch fehlgeleitete Maßnahmen ergreifen. In meiner Praxistätigkeit erlebe ich es immer wieder, dass meine Glücksreisenden versuchen, diese ungeliebten Anteile auszulöschen. Häufig wünschen sie sich, dass sich die Meckerstimmen in Luft auflösen und nie wiederkommen. Ich kann dieses Ansinnen gut nachempfinden, da es mir früher genauso ging. Mittlerweile habe ich jedoch erkannt, dass die Aussichten auf Erfolg bei diesem Vorgehen mehr als mau sind. Nicht ohne Grund bezeichnen wir die Stimmen als Persönlichkeitsanteile: weil sie ein Teil von uns sind. Und Teile unserer selbst lassen sich nicht mal eben abspalten und ins Nimmerland schicken.

Wenn du versuchst, einem deiner Anteile den Garaus zu machen, kann es passieren, dass dieser Anteil erst recht so richtig hartnäckig und bissig wird. Das wäre ja so, wie wenn du ein Kind jahrelang auf Händen trägst und ihm jeden Wunsch von den Lippen abliest und plötzlich nimmst du ihm sämtliche Spielsachen weg und tauschst die Lollis durch einen Teller Rosenkohl aus. Wie würde das Kind reagieren? Ich wette, nach einem Schockmoment würde es sich auf den Boden schmeißen und weinen. Ist es da nicht besser, die Schokoladentafeln durch Schokoladenobst zu ersetzen? So kann sich das Kind langsam an den Geschmack von Äpfeln gewöhnen. Oder das Aufräumen des Kinderzimmers als Spiel zu verpacken, indem dabei coole Musik läuft und der Gewinner des just von dir ins Leben gerufenen Aufräumwettbewerbs einen kleinen Preis bekommt? Das klingt für mich nach einem guten Kompromiss, bei dem das Kind nicht überfordert wird und gleichzeitig lernt, dass Aufräumen ein Teil des Spielens ist.

Um sicherzustellen, dass unser bewusstes Ich der Boss unserer Anteile bleibt, ohne uns selbst permanent mit einem erhobenen Zeigefinger zu begegnen, dürfen wir den Weg der Mitte wählen. Da der Versuch, von heute auf morgen alles umzukrempeln, oftmals mit Überforderung und Enttäuschung abgestraft wird, empfehle ich dir, allmählich kleine Veränderungen vorzunehmen, die in ihrer Summe und im Verlauf der Zeit zu großen Veränderungen heranwachsen. Wir müssen unseren inneren Schweinehund nicht direkt vom Grundstück verweisen. Es genügt, wenn er auf Befehl artig in sein Hundebettchen hüpft. Wir müssen unseren inneren Kritiker nicht mit einem One-Way-Ticket auf eine einsame Insel im Pazifik schicken. Es reicht aus, wenn er sich hin und wieder einen Feierabend gönnt.

Dabei dürfen wir, wie Ana, auf kluge Tricks zurückgreifen und unseren Anteilen mit ihren eigenen Mitteln begegnen. Das bedeutet nicht, dass wir uns selbst hinters Licht führen oder uns Dinge vorgaukeln, die nicht der Realität entsprechen. Es bedeutet lediglich, dass wir die über uns selbst gesammelten Erkenntnisse clever einsetzen und uns das Leben nicht schwerer machen, als es ist.

Lass uns die Dinge tun, von denen wir wissen, dass sie uns guttun. Lass uns unseren Persönlichkeitsanteilen mit Liebe begegnen und unserem Wachstumsprozess mit Leichtigkeit und Freude. Und besonders wichtig: Lass uns das Leben auch mal locker nehmen.

RICHTE DEINEN MENTALEN SCHEINWERFER NEU AUS

Erneut möchte ich dich zu einer gedanklichen Reise einladen. Dieses Mal verschlägt es uns in die Schatzkammer eines mystischen, alten Schlosses. Sämtliche Fackeln darin sind erloschen und es herrscht vollkommene Dunkelheit. Der Widerhall deiner Schritte auf dem kalten Steinfußboden lässt dich erahnen, wie hoch die Decke und wie groß die Kammer sein muss, auch wenn du nichts sehen kannst. Du weißt es noch nicht, doch an diesem verzauberten Ort ist alles zu finden. In einigen verwinkelten Ecken lagern große Schätze aus Gold, Edelsteinen und wertvollen Kunstwerken, in anderen lauern bissige Ratten und haarige Spinnen. Hinter manchen Schranktüren verbergen sich samtene Kleider und kuschelige Mäntel, hinter anderen verstaubter Kitsch. Und dann sind da noch all die alten Fotoalben, deren vergilbte Seiten längst vergangene Geschichten erzählen, und Uhren, deren unaufhörliches Ticken daran erinnert, dass die Zeit niemals stillsteht.

Du möchtest diesen Ort erkunden und erinnerst dich an die Taschenlampe in deinem Rucksack. Im Dunkeln tastend öffnest du ihn, greifst nach dem länglichen Objekt und schaltest sie ein. Danach leuchtest du deine Umgebung aus. Was kannst du sehen?

Siehst du die Schönheit und die Fülle oder erblickst du unnützen Kram? Bahnst du dir einen Weg entlang der Reichtümer oder fliehst du vor dem Ungeziefer? Blätterst du durch die Fotoalben und richtest deinen Blick auf das Vergangene oder hältst du nach Dingen Ausschau, die für die Zukunft nützlich sein könnten?

Mit unserem Blick auf die Welt verhält es sich ähnlich wie im obigen Gedankenexperiment. Wie in der Schatzkammer ist auch in unserem Leben alles zu finden: Schönheit und Schmerz, Fülle und Mangel, Freude und Leid. Und wie an diesem Fantasieort gibt es in der uns umgebenden Realität zu viele Objekte, Eindrücke und Informationen, um alles zu erfassen.

Im Sekundentakt werden wir mit Reizen überflutet. Überall klingeln Handys, plärrt Musik, blinkt Werbung, laufen Fernseher, fahren Autos. Ständig vernehmen wir Gerüche und Geräusche, lesen und hören wir Nachrichten. Unser Gehirn hat damit ordentlich zu tun. Um sich selbst zu schützen und uns erfolgreich durch unseren komplexen Alltag zu navigieren, nimmt es diese Reize und Informationen nur äußerst selektiv wahr. Es hat sich eine Taschenlampe gebaut und leuchtet ausschließlich einen winzigen Bruchteil der Realität aus. Nur diesen kleinen Teil unserer Umgebung nehmen wir mehr oder weniger bewusst wahr. Der Rest bleibt im Dunkeln verborgen. So sieht, hört, riecht, schmeckt und fühlt jeder Mensch die Welt ganz subjektiv und individuell.

Die Art und Weise, wie wir unsere imaginäre mentale Taschenlampe einsetzen, und das, was wir damit erblicken, entspricht also der Auswahl der von uns wahrgenommenen Sinneseindrücke. Sie wird von vielen verschiedenen Faktoren beeinflusst, wie beispielsweise unseren Erfahrungen und Interessen. Diese wiederum gehen darauf zurück, wie wir in unserer Kindheit und in unserem späteren Leben durch unsere Eltern, andere Bezugspersonen und die Gesellschaft, in der wir leben, geprägt wurden. Ein Großteil dieser Prägung findet im Kindesalter statt, in dem wir unsere grundlegenden Werte und Überzeugungen entwickeln. Darauf hatten die meisten von uns keinen oder nur sehr wenig Einfluss – schließlich waren wir noch klein und auf unsere Eltern und die anderen großen Helfer angewiesen. Im Erwachsenenalter hingegen entscheiden wir selbst darüber, mit welchen Menschen wir uns umgeben, an welchen Orten wir Zeit verbringen, welche Medien wir konsumieren und wie wir unseren Alltag einteilen. So können wir unsere Wahrnehmung bewusster lenken und sie auf die Dinge richten, die wir als wichtig erachten. Wie genau das klappt, wirst du noch erfahren. Davor möchte ich dir jedoch noch eine andere Geschichte erzählen …

WENDE DEINEN BLICK ZUM LICHT

Wir müssen uns nicht gedanklich in eine verwunschene Schatzkammer beamen, um uns die Auswirkungen selektiver Wahrnehmung zu verdeutlichen. Es reichen gewöhnliche Alltagssituationen, zum Beispiel jene, die ich kürzlich mit zwei Freundinnen, Jana und Linda, in einem asiatischen Restaurant erlebte. Bei dem Restaurant handelte es sich um das typische Kleinstadt-Restaurant von nebenan: eine riesige Speisekarte, leckeres, aber wenig authentisches Essen, günstige Preise, schlichte Ausstattung.

Ich saß bereits an einem Vierertisch am Fenster, als zunächst Jana das Restaurant betrat. Wir umarmten uns zur Begrüßung. Sie zog ihre Jacke aus, hängte sie über ihren Stuhl und nahm Platz. Ihr Blick wanderte zu der üppig blühenden Orchidee, die neben uns auf dem Fensterbrett stand. »Wow, die ist ja megaschön«, sagte sie mit einem Lächeln und strich sanft über eine der Blüten.

Wenig später ging die Tür erneut auf und Linda trat ein. Nach unserer Begrüßung nahm auch sie Platz. Ihr Blick schweifte über unsere Umgebung und blieb an der Orchidee auf dem Fensterbrett hängen. »Das kann ja wohl nicht deren Ernst sein«, meinte sie abschätzig und nickte in Richtung des Blumentopfes. Es handelte sich dabei um eine chinesische Bonbonverpackung. Die Inhaber waren wohl recht pragmatisch veranlagt und hatten den bunt bedruckten Plastikeimer kurzerhand zu einem Pflanzengefäß umfunktioniert.

Während sich Jana an der Schönheit der Orchidee erfreute, beschwerte sich Linda über den Einrichtungsgeschmack der Restaurantbesitzer. In dieser banalen Alltagssituation wurde mir eine erstaunliche Sache bewusst: Keine von beiden – weder Jana noch Linda – lag mit ihrer Beobachtung der Realität falsch. Und keine lag gänzlich richtig. Beide hatten nur einen Teil ihrer Umgebung bewusst wahrgenommen und den Rest ausgeblendet. Dabei entschied sich Janas Unterbewusstsein für einen freudvollen Blick auf das Leben und Lindas für einen kritischen.

Unser Bewusstsein dafür zu schärfen, dass wir unsere Welt niemals vollumfänglich und objektiv wahrnehmen werden, ist ein wichtiger Schritt auf unserem Weg zu mehr Positivität, Freude und Leichtigkeit. Wenn wir anerkennen, dass unsere mentale Taschenlampe stets nur einen Teil unseres Lebens beleuchtet, und wenn wir bereit sind, sie bewusster einzusetzen, nehmen wir eine große Hürde auf unserer Reise zu mehr Glück. Damit auch du dein Bewusstsein schärfen und diese Hürde meistern kannst, habe ich eine Reihe von Reflexionsfragen für dich zusammengestellt. Nimm dir hierfür gerne einen Moment Zeit und schau, welche Erkenntnisse du über dich und deine Mitmenschen gewinnen kannst.

Erinnere dich an eine Alltagssituation aus der aktuellen oder vergangenen Woche, in der du mit anderen Menschen interagiert hast, und beantworte dir die folgenden Fragen:

- Um welche Situation handelt es sich? Was habe ich in dieser Situation gemacht? Mit wem habe ich interagiert? Wo waren wir? Was hat die Situation ausgemacht?
- Auf was habe ich meine mentale Taschenlampe gerichtet? War mein Blick in besagter Situation auf das Positive oder das Negative gerichtet?
- Wie habe ich mich in besagter Situation gefühlt?
- Worauf hätte ich meinen Blick noch richten können? Welchen Einfluss hätte die Umlenkung meiner Aufmerksamkeit auf meine psychische und physische Verfassung gehabt?

- Auf was haben die anderen ihre Taschenlampen gerichtet? Welche Sachverhalte wurden mir erst durch ihr Zutun bewusst? Welche Gefühle hat das in mir ausgelöst?
- Welche Erkenntnisse kann ich daraus für mich und mein Leben ziehen?

Nun lade ich dich dazu ein, dich von dieser konkreten Alltagssituation zu lösen und dich aus dem Geschehen herauszuzoomen. Begib dich in einen Vogelflug, schau von oben auf dein Leben und beantworte dir die folgenden Fragen:

- Worauf richte ich üblicherweise meine mentale Taschenlampe? Welchen Einfluss hat meine Wahrnehmung der Welt auf mein Wohlbefinden? Inwiefern beeinflusst meine Wahrnehmung die Erreichung meiner Ziele?
- Worauf möchte ich meine imaginäre Taschenlampe zukünftig richten? Wie kann ich mich im Alltag daran erinnern? Wer kann mich bei diesem Vorhaben unterstützen?
- Welche Hindernisse können auf mich zukommen, wenn ich versuche, meinen Fokus im Alltag umzulenken? Welche Geschehnisse können mir den Weg zu meinem Ziel erschweren? Wie bewältige ich diese Hindernisse? Wie schaffe ich es, an meinem Vorhaben dranzubleiben?
- Worauf richten die Menschen in meinem Umfeld ihre mentalen Taschenlampen? Wie positiv oder negativ ist die Einstellung meiner Familienmitglieder, meines Partners beziehungsweise meiner Partnerin und meiner Teamkollegen?
- Inwieweit unterstützen meine Mitmenschen mich bei der Erschaffung eines glücklichen und erfüllten Lebens? Inwieweit ziehen sie mich runter oder blockieren meinen Weg?
- Welche Erkenntnisse konnte ich durch die Beantwortung dieser Fragen gewinnen? Wie möchte ich mit diesen Erkenntnissen umgehen?

Worauf achtest du in deinem Leben? Auf die Orchidee oder den Blumentopf? Falls es der Blumentopf ist, verzage nicht: Dir bietet sich gerade eine wundervolle Gelegenheit zum Üben. Überlege dir, wozu die Erkenntnisse, die du gerade über dich gewonnen hast und die dir unter Umständen nicht gefallen, gut sind. Sei stolz auf dich, dass du dich dir selbst und deinem Wachstum widmest. Mache dir eine Liste mit den Ideen, die durch die Reflexionsfragen bei dir entstanden sind, und führe dir vor Augen, welche fantastischen neuen Chancen sich auftun, nun, da du dich selbst besser kennst.

Es geht nicht darum, was wir in der Vergangenheit hätten besser machen können. Es geht darum, wie wir uns hier und jetzt entscheiden.

ERKENNE DIE KRAFT DES KOPFKINOS

Nun ist es so, dass nicht nur unsere Wahrnehmung der Gegenwart darüber entscheidet, wie wir uns fühlen, sondern auch unsere Erwartungshaltung gegenüber der Zukunft. Obwohl unser Gehirn bloß einen Bruchteil der zu einem Zeitpunkt vorliegenden Sinneseindrücke verarbeiten kann, ist es in der Lage, sowohl über die Vergangenheit zu reflektieren als auch alternative Zukunftsszenarien zu entwerfen und zu imaginieren. Wenn du mich fragst, ist die letztere Fähigkeit die erstaunlichste. Vorauszuplanen und dabei zugleich analytisch und kreativ vorzugehen ist in meinen Augen erstaunlicher, als darüber zu sinnieren, was schon war oder gerade ist. Daraus ergibt sich auch eine der größten Stärken und gleichzeitig eine der größten Herausforderungen der menschlichen Existenz. Denn die Art und Weise, wie unser Kopfkino funktioniert, entscheidet maßgeblich darüber, ob wir glücklich, erfolgreich und voller Elan durch unseren Alltag schreiten oder ob wir unzufrieden, ängstlich und genervt all die wunderbaren Chancen vorbeiziehen lassen, die uns das Leben zu bieten hat.

Unser Kopfkino läuft ständig … Abends, wenn wir nicht einschlafen können, weil wir uns um ein schwieriges Gespräch sorgen, das demnächst auf uns zukommt. Auf dem Weg zur Arbeit, wenn wir gedanklich durchgehen, was wir bei der anstehenden Präsentation sagen werden. Beim Duschen, wenn uns einfällt, dass wir beim nächsten Einkauf den Zucker nicht vergessen dürfen. Vielleicht sogar beim Sex, wenn uns die Aufgaben des nächsten Tages wieder in den Sinn kommen und wir einfach nicht wissen, wie wir das alles schaffen sollen.

Das Wundervolle an unserem Kopfkino ist, dass es uns dazu befähigt, langfristige Ziele zu verfolgen und unseren Alltag intelligent zu strukturieren. Es bereitet uns auf zukünftige Situationen vor, und es ermöglicht es uns, komplexe Dinge in einer komplexen Welt zu kreieren. Das Tückische am Kopfkino ist, dass es uns rasch in Gedankenstrudel stürzen und uns den Schlaf rauben kann. Leider ist unser Gehirn dermaßen kreativ, dass es sich Hunderte von Problemen ausdenken kann, von denen die meisten nicht eintreten werden und die sich dennoch so real anfühlen, dass sie bei uns Stress und Unwohlsein auslösen. Und selbst wenn unser Kopfkino neutral oder gar positiv ist, verpassen wir dadurch den gegenwärtigen Moment.

Wenn wir daran denken, was zukünftig in unserem Leben geschehen könnte, verpassen wir das Hier und Jetzt. Wir tauschen unser eigentliches Leben gegen ein hypothetisches ein.

Das bedeutet nicht, dass wir unser Kopfkino komplett ausschalten sollten. Zum einen sind wir dazu überhaupt nicht in der Lage. Zum anderen würden wir uns in diesem Fall selbst einer unserer größten Stärken berauben. Schließlich kann uns unser Kopfkino auch eine Menge Elan, Motivation und Vorfreude schenken. Nicht ohne Grund habe ich dir die Drehbuchübung vorgestellt, damit du dir über deine Ziele im Leben bewusst werden und deine Zeit entsprechend deiner Prioritäten und Werte sinnvoll einsetzen kannst.

Meine Empfehlung ist vielmehr, dass wir unser Kopfkino analog zu unserer imaginären mentalen Taschenlampe bewusster einsetzen. Hierzu gehört, dass wir zunächst identifizieren, welchen Charakter die Filme haben, die sich vor unserem inneren Auge abspielen. Handelt es sich dabei um Komödien, Dramen oder Horrorfilme? Wie freudvoll oder düster sind unsere erwarteten Zukunftsszenarien und was löst das bei uns aus? Anschließend üben wir uns darin, die Filmauswahl in unserem Kopfkino gezielter zu treffen und das Kino für Ruhephasen auch mal zu schließen.

WÄHLE DEIN KOPFKINO BEWUSST

Lass uns dein Kopfkino gemeinsam zu einem Ort machen, an dem du gerne Zeit verbringst.

Schritt 1: Überprüfe dein aktuelles Kinoprogramm

Zunächst nehmen wir deinen Istzustand unter die Lupe und untersuchen, wie deine Fantasien zum bestehenden Zeitpunkt gestrickt sind. Denke hierfür an ein Thema, das dich aktuell stark beschäftigt und sich gedanklich ständig in den Vordergrund drängt. Beantworte im Anschluss die folgenden Fragen:

- Um welches Thema handelt es sich?
- Welcher Film wird zu diesem Thema in deinem Kopfkino wiederholt abgespielt?
- Wie fühlt sich dieser Film für dich an? Welche körperlichen Empfindungen löst er bei dir aus? Fühlst du dich durch den Film ruhig und gelassen oder ängstlich und gestresst?
- Falls es sich um einen Katastrophenfilm handelt: Wie häufig denkst du dir derartige Horrorszenarien aus? Wie oft haben sich diese in der Ver-

gangenheit bereits bewahrheitet? Wie oft hat die Realität deine Erwartung widerlegt?

Dieser Schritt bildet die unabdingbare Grundlage für alle weiteren Schritte innerhalb dieser Übung. Nimm dir hierfür so viel Zeit, wie du brauchst. Die Feststellung des Istzustands wird dir spannende Erkenntnisse über die Farbe deiner Gedanken schenken und legt das Fundament für eine Umlenkung deines Denkens auf optimistische und lichtvolle Vorstellungen, wodurch du dein Lebensglück erheblich steigern kannst.

Schritt 2: Erstelle einen Plan B

Vielleicht durftest du feststellen, dass du bereits ein tiefes Vertrauen in dich und die Welt empfindest und die von dir ausgedachten Zukunftsszenarien einen positiven und stärkenden Charakter besitzen. In diesem Fall kannst du den zweiten Schritt als Bewältigungsstrategie für schlechte Phasen in deinen Methodenbaukasten aufnehmen und dir ihn für später aufbewahren.

Vielleicht hast du jedoch gemerkt, dass du dir häufig Sorgen machst, Zukunftsängste hegst und oftmals vom Schlimmsten ausgehst. In diesem Fall kann dir dieser Schritt dabei helfen, in dir selbst ein Gefühl von Sicherheit und Kontrolle zu etablieren.

Die folgenden Fragen mögen zunächst paradox klingen, haben sich in meiner Praxistätigkeit jedoch als äußerst wirksam erwiesen. Solltest du also eher zu den Grüblern oder Zweiflerinnen gehören, ermuntere ich dich dazu, sie in Ruhe zu durchdenken und zu beantworten:

- Was ist das Schlimmste, was dir in Bezug auf dieses Thema passieren kann und unter Umständen sogar noch schlimmer als das Szenario ist, das dir ohnehin schon ständig durch den Kopf spukt? Wie würde ein derartiges Worst-Case-Szenario im Detail aussehen? Wie würde es sich anfühlen?

- Welche Maßnahmen kannst du ergreifen, wenn dieses Worst-Case-Szenario eintritt? Wie kannst und möchtest du damit gegebenenfalls umgehen?
- Welche deiner Fähigkeiten und Kenntnisse kannst du einsetzen, um dich aus diesem Szenario zu retten? Welche anderen Ressourcen kannst du nutzen, um deine Lage wieder zu stabilisieren?
- Wer könnte dich unterstützen? Inwieweit könnten Familienmitglieder, Freunde oder Arbeitskollegen dir helfen? Inwieweit möchtest du professionelle Hilfe in Anspruch nehmen, zum Beispiel von einem Coach?

Vielleicht wirkt es auf dich befremdlich, sich gezielt das düsterste Szenario auszudenken und es mit allerhand Details möglichst genau auszumalen. Doch sind wir mal ganz ehrlich: Machen wir das nicht ohnehin öfter, als wir es uns wünschen? Wie oft habe ich mich früher bei dem Gedanken ertappt, dass mein Leben endet, wenn ich nur eine einzige Prüfung verhaue. Denn wenn ich das täte, dann würde vermutlich mein ganzes Studium den Bach runtergehen, ich würde später keinen Job bekommen, meine Freunde würden ohne mich weitermachen und mich bald vergessen … Das war und ist natürlich totaler Quatsch.

Insgeheim neigen viele Menschen zum Dramatisieren und begeben sich ohnehin in eine gedankliche Negativspirale, aus der ein Entkommen schwerfällt. Oder sie schieben negative Gedanken und Gefühle mit aller Kraft von sich weg. Wenn wir jedoch versuchen, Gedanken wegzuschieben und Emotionen zu unterdrücken, entwickeln sie die unliebsame Eigenschaft, sich erst recht an uns zu klammern. Sie sind hartnäckig und früher oder später kochen sie hoch – oft mit einem lauten Knall.

Nach meiner Erfahrung ist es gesünder, allen Gedanken und Gefühlen ihren Raum zu geben und sie da sein zu lassen. Mit den obigen Fragen tust du das. Gleichzeitig erhältst du die Chance, nicht in ihnen zu versinken, sondern aktiv nach Lösungen zu suchen. Indem du dir einen Plan B und vielleicht sogar einen Plan C und D für ein potenzielles Horrorszenario überlegst, lenkst du deine Aufmerksamkeit und Energie vom Problem weg und kannst dem Negativstrudel entkommen. Du setzt deine Kraft und

Kreativität sinnvoller ein, weil du sie für die Entwicklung von Handlungsmaßnahmen nutzt. Dies kann dir ein Gefühl der Kontrolle vermitteln und stattet dich gleichzeitig mit den Werkzeugen aus, die du benötigst, um die Herausforderungen deines Lebens erfolgreich zu meistern.

Schritt 3: Gestalte dein Kinoprogramm um

Nachdem wir uns bewusst gemacht haben, dass es selbst für ein absolutes Horrorszenario Lösungen gibt, und nachdem die erste Emotionalität abgeflaut ist und unser rationaler Verstand wieder in den Vordergrund tritt, lohnt es sich, den Weg der Freude zu gehen. Setze dir den Hut des Kinoleiters beziehungsweise der Kinoleiterin auf und mache den Job, den nur du machen kannst: Suche dir die Kopfkinofilme aus, die dich mit Kraft, Zuversicht, Mut, Positivität und Leichtigkeit erfüllen.

Denke hierfür erneut an das Thema, das dich momentan beschäftigt, und beantworte die folgenden Fragen:

- Welche alternativen Zukunftsszenarien – neben jenem, das du am häufigsten vor Augen hast – sind für dein Thema denkbar? Wie sehen freudvolle und optimistische Szenarien aus?
- Wie wirkt das Thema auf dich, wenn du dir vorstellst, dass es gut laufen wird? Welche Gefühle löst diese Vorstellung in dir aus?
- Was kannst du schon heute tun, um das Thema in die Richtung zu lenken, die sich für dich gut anfühlt? Welche konkreten Maßnahmen kannst du dafür ergreifen?
- Welche deiner Fähigkeiten und Talente kannst du dafür einsetzen? Wer kann dich aus deinem Umfeld dabei unterstützen?

Insbesondere den letzteren Fragen wohnt die wundervolle Kraft inne, uns von einem Problemrahmen in einen Lösungsrahmen zu geleiten. Indem wir nicht mehr die passiven Betrachter unseres Kopfkinofilms sind, sondern uns aktiv Handlungsmaßnahmen überlegen, nehmen wir unsere Angelegenheiten in die Hand. Nur so können wir uns von einem mangelorientierten Problemdenken lösen und in ein ressourcenorientiertes Zieldenken übergehen.

Schritt 4: Begegne dir mit Selbstliebe und Geduld

Auch wenn uns der dritte Schritt alternative und lichtvollere Zukunftsszenarien aufzeigt, kann es hin und wieder passieren, dass sich der alte, ungewollte Film in unser Kinoprogramm einschleicht. Etliche Menschen empfinden es als frustrierend, wenn sie sich intensiv mit sich selbst, ihren Gedanken und Gefühlen auseinandersetzen, an den eigenen Denk- und Verhaltensmustern arbeiten und dann dieser vermeintliche Rückschritt stattfindet. Sollte es dir ähnlich gehen, begegne dir mit Mitgefühl und Nachsicht.

**Sei stolz auf die 90 Prozent,
die du bereits erreicht hast,
und bestrafe dich nicht für die 10 Prozent,
die du noch nicht erreicht hast.**

Allein schon die Tatsache, dass du dieses Buch liest, dich mit den Reflexionsfragen auseinandersetzt und den Willen in dir trägst, dein Denken aktiv in eine positive Richtung zu lenken, ist etwas, was nicht selbstverständlich ist. Du hast anerkannt, dass du es wert bist, dir ein erfülltes Leben zu kreieren, und du hast damit begonnen, dein Glück in die eigene Hand zu nehmen. Dabei ist es ganz normal, dass nicht jeder Tag gut verläuft. Wachstum ist chaotisch, und obwohl viele Menschen die Erwartungshaltung hegen, dass Persönlichkeitsentwicklung geradlinig verläuft, so ist sie doch meist von einem Auf und Ab gekennzeichnet, ähnlich einer diagonal aufsteigenden Wellenbewegung.

Unsere Aufwärtstendenz zeigt sich manchmal nur bei genauem Hinsehen. Wenn wir uns gerade an einem Tiefpunkt befinden, kann es schwerfallen, das eigene Wachstum realistisch zu beurteilen. Häufig stehen wir dann so nah vor unserem Problem wie vor dem oben beschriebenen Gemälde mit dem vermeintlich fetten schwarzen Streifen. Dann ist es hilfreich, einen Schritt zurückzutreten und sich die folgenden Fragen zu beantworten:

- Welche Fortschritte habe ich in den vergangenen Monaten gemacht?
- Wie würde ein Gespräch zwischen mir und meinem Ich von vor einem Jahr ablaufen? Was würde mein damaliges Ich an meiner Entwicklung bemerkenswert finden? Worauf wäre es stolz?
- Was hätte ich nie von mir erwartet und habe es doch gemeistert? Wie habe ich es gemeistert? Was kann ich daraus für meine aktuelle Phase mitnehmen? Welche Erkenntnisse kann ich erneut einsetzen?

Ebenso kann dich eine Selbstliebe-Meditation dabei unterstützen, dir mitfühlend zu begegnen und dich aus deinem Inneren heraus zu erwärmen. Scanne einfach den QR-Code, wähle »Meditation 2« aus und lass dich von mir mitnehmen auf eine Reise zu deinem Herzen.

SCHÖPFE DEIN GLÜCKSPOTENZIAL VOLL AUS

Den Grundstein für ein authentisches, glückliches und erfolgreiches Leben hast du bereits gelegt, indem du dich und deine Glaubenssätze besser kennengelernt, deine Lebensvision und Ziele geschärft, dich von Blockaden befreit und deine mentale Taschenlampe auf die Schönheit und Fülle gerichtet hast. Um dein Glückspotenzial voll auszuschöpfen, braucht es nun noch ein paar weitere Maßnahmen. Dazu gehört, dass du dir dein Glück selbst erlaubst und den Mut aufbringst, deine Wünsche zu kommunizieren und dich so zu zeigen, wie du bist.

Eine Hürde können dabei verquere gesellschaftliche Werte darstellen. Wenn wir befürchten, mit unseren Bedürfnissen und unserem authentischen Sein anzuecken und Ablehnung zu erfahren, kann dies dazu führen, dass wir unsere zuvor so klaren Absichten über Bord werfen und in den Tiefen des Meeres versenken. Ich möchte mir nicht vorstellen, wie viele unerfüllte Träume als traurige Wracks auf dem Boden des Ozeans verrotten …

Ich wünsche dir, dass deine Visionen und Ziele dir als Kompass dienen, der dir die Richtung weist, und zugleich als Wind in deinen Segeln.

Um weiterzukommen, müssen wir uns nicht etwa von unseren Träumen lösen. Denn sie sind es nicht, die uns als Ballast zurückhalten. Vielmehr dürfen wir uns erneut von schädlichen Gedanken und äußeren Erwartungshaltungen befreien. Allen voran spielt hier das Thema »Egoismus« eine bedeutende Rolle.

LÖSE DICH VON DEM GEDANKEN, EGOISMUS SEI ETWAS SCHLECHTES

Egoismus ist verpönt. Wer sich selbst und die eigenen Bedürfnisse an die erste Stelle setzt, wird als böse abgestempelt. Vielleicht wirst du genau deshalb auch ein unangenehmes Rumoren in deiner Bauchgegend verspüren, wenn ich meine Hypothese formuliere: Ich behaupte, dass wir Menschen meistens aus egoistischen Motiven handeln und unser Tun im Anschluss einfach nett verpacken.

Und ich behaupte, dass das überhaupt nicht schlimm, sondern sogar vollkommen richtig ist. Denn wie bei fast allem im Leben existieren auch beim Thema Egoismus viele Nuancen. Es lohnt sich, einen Blick hinter die Kulissen dieser Begrifflichkeit zu werfen und zu schauen, wie gesunder Egoismus aussehen kann und wozu er gut ist. Hierfür habe ich dir ein paar praktische Beispiele mitgebracht.

Kürzlich tauschte ich mich mit einer meiner Glücksreisenden aus, die vor wenigen Monaten eine neue Arbeitsstelle angetreten hatte. Sie erzählte mir, dass sie sich nicht traute, innerhalb ihrer Einarbeitung Fragen zu stellen. Nach ihrer Aussage wollte sie niemanden nerven und empfand es als egoistisch, ihre Kolleginnen von deren Arbeit abzuhalten, um mehr Klarheit über ihre Aufgaben zu erlangen.

Ich wurde stutzig und fragte mich, ob sich wirklich altruistische Gutmütigkeit hinter ihrem Verhalten versteckte oder vielleicht etwas anderes. Was wäre, wenn sie in Wahrheit nicht deshalb auf Fragen verzichtete, um ihren Kolleginnen Erleichterung zu verschaffen, sondern um sich selbst zu schützen? Was ist, wenn unter dem Deckmantel, nicht egoistisch und nervig wirken zu wollen, die Angst vor Ablehnung steckte?

Als soziales Wesen hat jeder Mensch ein Bedürfnis nach Zugehörigkeit und Verbundenheit. Dieses Bedürfnis ist evolutionär bedingt, da wir in der frühmenschlichen Geschichte ohne den Schutz einer Gruppe nicht überlebt hätten. Allein auf Mammutjagd zu gehen oder sich auf eigene Faust gegen einen Säbelzahntiger zu verteidigen wäre mit Sicherheit kein Kinderspiel gewesen. Und obwohl die meisten von uns heutzutage keine wilden Tiere mehr fürchten müssen, ist kein Mensch vollständig autark unterwegs. Nach der Geburt sind wir auf unsere Mutter und andere Beschützer angewiesen, die uns verpflegen und ohne die wir die ersten Jahre unseres Daseins nicht überleben würden. Später sind wir in verschiedene soziale Gefüge eingebunden und müssen uns in unterschiedlichen Systemen zurechtfinden. Dass wir von anderen gemocht werden wollen, ist daher – bis zu einem gewissen Grad – eine vollkommen natürliche und logische Sache. Auch dass meine Glücksreisende an ihrer neuen Arbeitsstelle nicht negativ auffallen und ihren Kolleginnen nicht zur Last fallen wollte, konnte ich vor diesem Hintergrund gut nachvollziehen. Ich erinnerte mich an meinen ersten Job als HR-Managerin im Angestelltenverhältnis und konnte mir zahlreiche Situationen ins Gedächtnis rufen, in denen ich ähnlich agiert hatte.

Leider schaden wir uns selbst, wenn wir uns in derartigen Situationen einreden, dass unser Tun von Altruismus getrieben sei. Indem wir uns vormachen, selbstlos und voller Rücksicht auf andere zu handeln, wenn wir in einer Einarbeitungsphase nicht nach Tipps und Feedback fragen, hindern wir uns daran, unsere Aufgaben so gut wie möglich zu erledigen. Damit schaden wir dem Unternehmen, unserem Team und unserem Ruf. Wenn wir unsere Aufgaben nicht zu unserer eigenen Zufriedenheit ausüben, weil uns die Erfahrungswerte und spezifisches Wissen fehlen, kann dies außerdem unser Selbstwertgefühl und unsere Motivation negativ beeinflussen. Letztendlich können wir mit dem Gedanken, Kollegen und Kolleginnen mit unseren Fragen zur Last zu fallen, enormen Druck auf uns ausüben und unser Stresslevel nach oben treiben. Auch das kann wiederum einen negativen Effekt auf unsere Leistung haben. Es entsteht ein Teufelskreis.

Eine Herangehensweise, die nach meiner Erfahrung bessere Resultate erzielt, ist, wenn wir uns eingestehen, dass wir Angst vor Ablehnung haben. Es ist vollkommen okay, wenn wir Furcht empfinden, da es sich hierbei um einen wichtigen Schutzmechanismus handelt.

Gleichzeitig empfehle ich, diesem mulmigen Gefühl nicht die Oberhand über unser Denken und Handeln zu geben, sondern offen zu äußern, was wir können und was nicht. Indem wir klar kommunizieren, in welchen Bereichen wir Hilfe benötigen, können wir letztendlich eine bessere Leistung erbringen und werden uns dadurch sehr wahrscheinlich auch besser fühlen.

Darüber hinaus lernen wir so einiges über die Menschen, mit denen wir täglich zu tun haben. Vielleicht werden wir positiv überrascht, weil sie uns mit Freude helfen. Vielleicht fällt die Reaktion neutral aus. Auch dann merken wir, dass nichts so heiß gegessen wird, wie es gekocht wird. Und selbst wenn ein Kollege oder eine Kollegin genervt oder unfreundlich reagiert, heißt dies noch lange nicht, dass wir daran schuld sind. Möglicherweise hat unser Gegenüber einfach einen schlechten Tag.

Die Launen der anderen fallen nicht in unseren Verantwortungsbereich, und wir müssen uns nicht kleinmachen, um niemandem auf den Schlips zu treten. Letztendlich geht es doch darum, einen guten Job zu machen. Nach Hilfe zu fragen ist daher nicht egoistisch, sondern für alle Beteiligten von Vorteil.

Auch in Sachen Liebe ziehen wir uns gerne das Deckmäntelchen des Altruismus über, obwohl gesunder Egoismus für uns selbst und andere so viel besser wäre. So erinnere ich mich noch gut an ein Gespräch mit einer Glücksreisenden, die sich in einer zutiefst unerfüllten Beziehung befand.

Sie und ihr Partner bewegten sich zwischen Phasen hitziger Diskussionen und Phasen kalter Distanziertheit. Dazwischen gab es kaum Raum für

Schönes. Ihre Werte und Zukunftsvorstellungen waren in vielerlei Hinsicht unterschiedlich. Sie wünschte sich ein traditionelles Familienleben mit Haus und Kindern, während er sich ein autonomes und spontanes Leben wünschte. Gemütliche Fernsehabende zu zweit und gelegentliche Spieleabende mit Freunden entsprachen ihren Vorstellungen von einer gelungenen Freizeitgestaltung, während er es bevorzugte, Konzerte zu besuchen und tanzen zu gehen. Und während sie Intimität am liebsten in Form von Kuscheln auslebte, wünschte er sich feurigen Sex (den er nur selten bekam).

Obwohl ihre Beziehung beide Seiten regelmäßig auf die Palme brachte oder mit ernüchternder Resignation erfüllte, schaffte weder sie noch er es, sich zu trennen. Sie waren bereits seit über sieben Jahren zusammen, lebten in einer gemeinsamen Wohnung und teilten sich den Großteil ihres Freundeskreises. Ihre Eltern warteten bereits sehnsüchtig auf die nächsten Schritte: eine schöne Hochzeit und pausbäckigen Nachwuchs.

Als ich meine Glücksreisende fragte, wie sie sich ihre Zukunft vorstellte, antwortete sie ergreifend ehrlich: »Nicht so.«

Allerdings könne sie ihn dennoch nicht verlassen, fügte sie an, weil sie den Gedanken nicht ertrug, wie sehr er darunter leiden würde. Darüber hinaus wäre die Schuld, eine solch langjährige Beziehung *einfach so* aufzugeben, zu viel für sie …

Aus dieser Schilderung heraus ergab sich ein großes Feld an Fragen für mich. Allen voran folgende: Wenn wir nicht wollen, dass jemand anderes leidet, ist dies ein Akt von Altruismus oder von Egoismus? Handeln wir edelmütig, weil wir das Leid der Welt reduzieren wollen, oder agieren wir ichbezogen, weil wir fürchten, selbst an der Schuld zu zerbrechen? Ist es darüber hinaus nicht anmaßend, dass wir die Verantwortung für das Glück eines anderen erwachsenen Menschen übernehmen, während wir doch selbst autonom über unser eigenes Glück entscheiden wollen? Und betrachten wir uns zuletzt noch als Hellseher, weil wir zu wissen meinen, wie sehr ein anderer Mensch unter unserer Entscheidung leiden wird? Was ist, wenn die Trennung vielmehr dem zügigen Abziehen eines Pflasters gleicht und zwar kurzzeitig für Schmerz sorgt, jedoch langfristig Erleichterung bringt? Was ist, wenn das Gegenüber insgeheim sogar hofft, endlich aus dieser Sackgasse befreit zu werden? Was, wenn es ihm genauso ergeht wie einem selbst?

Bei der näheren Betrachtung ihrer Situation kristallisierte sich eine Vielzahl unterschiedlicher Gründe heraus, die es meiner Glücksreisenden schwer machten, sich für ihr Bauchgefühl und somit auch für eine Beendigung der Beziehung zu entscheiden. Zum einen lag ihr noch etwas an ihrem Partner. Auch wenn sie keine glückliche Zukunft mit ihm sah, bedeutete er ihr viel als Mensch. Zum anderen hatte sie Angst vor den Reaktionen aus ihrem Umfeld. Insbesondere ihre Mutter wollte sie nicht enttäuschen. Und schließlich fürchtete sie sich vor dem Alleinsein, denn sie erinnerte sich noch gut an die Zeit vor ihrer Beziehung und das nagende Gefühl der Einsamkeit. Das Hinauszögern einer klaren Entscheidung war daher weder rein altruistischer noch rein egoistischer Natur. Kurzum: Sie handelte zutiefst *menschlich*.

Nichtsdestotrotz erschwerte sie sich ihre Lage selbst, indem sie die Verantwortung für die Beziehung und das Glück anderer Menschen – allen voran das ihres Partners, aber auch das ihrer Mutter und anderer Parteien – einzig und allein auf ihre Schultern packte. Was für ein schwerer Rucksack das doch war. Ich verstand ihre Erschöpfung. Wer würde in einer solchen Situation nicht den Wunsch verspüren, stehen zu bleiben, die schwere Last abzulegen und einfach nur zu ruhen?

Als meine Glücksreisende erkannte, was sie in Sachen Liebe wirklich zurückhielt und weshalb ihr der Gedanke an eine Trennung so schwerfiel, war sie bereit dafür, gemeinsam mit mir nach Lösungen zu suchen. Die Entscheidung hatte sie innerlich bereits vor langer Zeit gefällt, doch nun fasste sie den Mut, diese auch nach außen zu kommunizieren. Indem sie sich selbst für ihren Wunsch nach einer Trennung nicht mehr als schlechten Menschen abstempelte und das Mäntelchen des vollkommen selbstlosen und dazu noch völlig unrealistischen Wesens ablegte, schenkte sie sich die Freiheit, wie ein selbstbestimmter, erwachsener Mensch zu entscheiden. Ein Mensch, der seine eigenen Bedürfnisse und Werte achtet. Ein Mensch, der sich nicht anmaßt, die einzige Quelle des Glücks für einen anderen Menschen zu sein. Ein Mensch, der bereit dazu ist, Schmerz und Traurigkeit zu erleben, um sich selbst treu zu bleiben. Ein Mensch, der vor Schwierigkeiten nicht die Augen verschließt in der Hoffnung, dass sie sich von allein lösen, sondern sie aktiv angeht.

Vielleicht steckst auch du gerade in einer Situation oder Lebensphase, in der du deine Wünsche und Sehnsüchte jemand anderem zuliebe vernachlässigst. Und vielleicht hast auch du gemerkt, wie zermürbend, kräftezehrend und frustrierend dieses Vorgehen sein kann. Falls dem so ist, können dir die folgenden Fragen Klarheit darüber schenken, inwieweit dein Verhalten tatsächlich selbstlos ist und wann und wie du gesunden Egoismus walten lassen darfst:

- In welchem Lebensbereich würdest du gerne etwas ändern, während du zugleich das Gefühl hast, dass dich etwas zurückhält? Vor welcher Entscheidung stehst du?
- Welche Ängste beeinflussen deine Entscheidungsfindung wirklich? Inwieweit sorgst du dich um ein schlechtes Gewissen oder das Gerede der anderen? Inwieweit hast du Angst davor, einen Fehler zu machen und etwas zu bereuen?
- Wie denkst du über das Thema in Wahrheit? Inwieweit tauchen Gedanken auf, die du hässlich findest oder für die du dich schämst?
- Was ist ein wichtiges Kriterium in deiner Entscheidungsfindung, über das du mit niemandem sprechen möchtest?
- Welcher Weg entspricht deinen tiefsten Werten und Überzeugungen?
- Was kannst du durch deine Entscheidung verlieren? Was kannst du gewinnen? Was wird langfristig dadurch für dich möglich?
- Was können andere durch deine Entscheidung verlieren? Was können sie gewinnen und was wird für sie langfristig dadurch möglich?
- Wenn du deine rationalen Argumente – vielleicht führst du sogar eine Pro-und-Kontra-Liste – zur Seite legst, was sagt dein Herz? In welche Richtung zieht es dich?

Wenn wir in einer Sackgasse feststecken und unsere Lage aussichtslos erscheint, lohnt es sich, den Ausgang dort zu suchen, wo wir noch nicht nachgeschaut haben. Dann können wir unsere Augen nicht mehr vor den Gedanken verschließen, die wir hässlich finden, weil sie ichbezogen sind. Dann können wir Gefühle nicht mehr kleinreden, für die wir uns schämen und für die wir Ablehnung aus dem Außen erfahren könnten. Dann müssen wir uns von der Ausrede lösen, etwas nur für andere zu tun oder zu lassen, und anerkennen, dass es uns letztendlich auch um uns geht und dass das vollkommen in Ordnung ist. Dann müssen wir mitten durch: durch die Angst, die Scham, den Schmerz.

Doch am anderen Ende wartet die Belohnung: Freiheit, Authentizität und innerer Frieden. Du wirst merken, dass eine Entscheidung, an die zu denken dir jetzt die Luft abschnürt, dich wieder frei atmen lässt, sobald sie getroffen ist. Der Knoten in deinem Bauch kann sich lösen und das Gewicht wird von deinen Schultern und deiner Brust weichen.

Das bedeutet nicht, dass danach alles perfekt ist, den ganzen Tag die Sonne scheint und regenbogenfarbene Einhörner für uns Violine spielen. Doch besser als dieses nagende Gefühl der Unsicherheit ist es allemal. Schließlich eröffnet sich so für uns die Möglichkeit, unser Leben zu formen und Schritt für Schritt die Dinge, Menschen und Erlebnisse in unseren Alltag zu holen, die sich für uns richtig gut anfühlen.

Letztendlich tun wir nicht nur uns selbst einen Gefallen, wenn wir uns ein Leben schaffen, das uns glücklich macht. Denn wenn wir glücklich sind, strahlen wir unser Glück auch auf andere ab.

Dann haben wir mehr Energie und Kraft für unsere Familie und unseren Job. Dann können wir geduldiger und nachsichtiger mit unseren Mitmenschen umgehen. Dann können wir für unser Umfeld die beste, gesündeste und liebevollste Version unserer selbst sein.

NUTZE DAS GESETZ DER ANZIEHUNG FÜR DEIN LEBEN

Wenn wir uns von dem Gedanken gelöst haben, es sei egoistisch, für uns und unser Glück loszuziehen, sind wir für den nächsten Schritt bereit: die Dinge in unser Leben zu ziehen, die wir uns wünschen. Wir sprechen dabei von dem Gesetz der Anziehung – und wie das funktioniert, möchte ich dir anhand einer persönlichen Geschichte erzählen.

Als ich mich für ein Studium entschied, hatte ich keine Ahnung, wie ich es finanzieren sollte. Ich erhielt einen Platz in einem Doppelabschlussprogramm. Das bedeutete, dass ich zwei Jahre in Deutschland und ein Jahr im Ausland studieren und zwei gleichwertige Studienabschlüsse erhalten würde: den meiner deutschen Hochschule und den der Partnerhochschule.

Mein großer Traum war es, in den USA zu studieren. Vermutlich war dies neben meinen verzerrten Vorstellungen romantischer Beziehungen ein weiteres Nebenprodukt der unzähligen Hollywoodfilme, die ich in meiner Jugend geschaut habe. Die USA bedeuteten für mich Freiheit, Coolness, jede Menge Spaß und gleichzeitig Anerkennung und Bedeutsamkeit. Sie waren für mich einfach »WOW«. Leider bedeuteten sie auch einen Berg an Kosten, den es zu bewältigen galt. Neben den Studiengebühren erwarteten mich dort hohe Lebenshaltungskosten, und wenn ich schon ein Jahr lang in der Ferne leben würde, dann wollte ich dort schließlich auch reisen und etwas erleben.

Manchmal staune ich über mich selbst, wenn ich auf diese Zeit zurückblicke, und ich frage mich: War ich unfassbar naiv oder unfassbar mutig? War es Blauäugigkeit, die da aus mir sprach, oder ein tiefes Urvertrauen, eine starke Intuition und der unerschütterliche Glaube daran, dass ich das Geld schon irgendwie auftreiben würde?

Vermutlich war es eine Mischung aus allem. In jedem Fall startete ich mein Studium voller Euphorie und Tatendrang und hatte die ersten Semester noch keinen blassen Schimmer, wie ich mein Abschlussjahr finanziell realisieren sollte. Ein wenig hätten mich meine Eltern unterstützen können und sicherlich wäre auch Auslands-BAföG eine Option gewesen, doch so richtig klasse fühlten sich diese Optionen für mich nicht an. Ich bewarb mich für diverse Stipendien kleiner Stiftungen, doch trotz sehr guter Noten und meines sozialen Engagements erhielt ich eine Absage nach der anderen. An die großen Stiftungen traute ich mich nicht heran, da ich davon überzeugt war, dass sie kein Interesse an mir und meinem Profil haben würden. Warum auch, wenn schon die kleinen Stiftungen durchgängig mit Absagen auf meine Bewerbungen reagierten?

Eine gute Studienfreundin ermutigte mich schließlich, doch noch eine letzte Bewerbung an eine große und äußerst renommierte Stiftung zu versenden. Und siehe da: Ich kam in die nächste Runde. Und ich kam in die übernächste Runde und schließlich auch in die letzte. Die finale Herausforderung stellte ein Gespräch mit einer Vorsitzenden des Auswahlkomitees der Stiftung dar. Von Beruf war sie Anwältin, und ich erkannte schon in den ersten fünf Minuten unserer Unterhaltung, weshalb sie in dieser Profession goldrichtig war: Sie grub so tief wie noch keiner meiner Gesprächspartner zuvor in einem Bewerbungsgespräch. Mein Können und mein Engagement aufzublasen kam hier nicht infrage, denn sie schien Übertreibungen sofort zu durchschauen. Ich fühlte mich regelrecht nackt vor dieser Frau. Daher entschied ich mich dazu, erbarmungslos ehrlich zu sein, und erzählte ihr, wie aufgeregt ich war, wie sehr ich mir dieses Stipendium wünschte und wie groß mein Traum war. Ich sprach über meine Schwächen und probierte nicht, sie als Stärken zu verkaufen und wie ein perfekter Roboter zu wirken. Ich sagte ehrlich, worin ich richtig schlecht war. Dies ermöglichte es mir im Gegenzug jedoch auch, aufrichtig und offen über all meine Stärken und Talente zu sprechen. Es vergrößerte sogar den Kontrast und erlaubte mir zu zeigen, wer ich wirklich war, in all meinen Facetten. Nach dem Gespräch schlug mich ein grippaler Infekt vollkommen nieder. Er hatte schon vorher in mir gebrodelt, und als die Anspannung abfiel, übernahm er die Oberhand in meinem Körper. Ich lag mehrere Tage im Bett. Als ich nach einer Woche aufstand und zum Briefkasten ging, wartete darin ein Schreiben der Stiftung: Ich hatte das Stipendium bekommen. Mein Herz machte einen Sprung und mein Weg in die USA war geebnet.

Vielleicht hast auch du einen Traum, der zu groß und zu weit weg scheint, um in Erfüllung zu gehen. In diesem Fall kannst du dir – wie ich es damals getan habe und auch heute noch immer tue – das Gesetz der Anziehung zunutze machen. Das Gesetz der Anziehung besagt, dass wir – ähnlich wie ein Magnet – die Dinge, Menschen und Erlebnisse in unser Leben ziehen können, die wir uns wünschen. Das passiert allerdings nicht automatisch.

Hätte ich mir damals gedacht, dass ein Studium in den USA »ganz nett« wäre, mich allerdings mit Tagträumen begnügt, während ich mich im Bett gefläzt und Serien geschaut hätte, wäre aus meinem Wunsch ganz sicher nichts geworden. Er wäre ein Traum geblieben. Um eine magnetische Anziehungskraft zu entwickeln und unsere Visionen zur Wirklichkeit werden zu lassen, ist es unabdingbar, dass wir ins Tun kommen und aktiv Schritte dafür unternehmen. Für mich bedeutete das damals, dass ich mich aktiv für Stipendien bewarb und mit meinen Kommilitoninnen über meine Vision sprach, wodurch sie mich unterstützten und ich an zusätzliche Informationen gelangte. Es bedeutete auch, Absage um Absage zu kassieren und trotzdem weiterzumachen. Die Motivation auch bei Rückschlägen zu behalten und Kraft und Zeit in eine Sache zu investieren, deren Ergebnis nicht gewiss ist, gehören dazu. So braucht es neben dem Handeln auch Klarheit über das »Warum« oder vielmehr das »Wofür« sowie jede Menge positive Energie.

Teil des Erfolgsrezeptes ist auch Geduld: Geduld mit uns selbst und dem Prozess. Schließlich ist Dankbarkeit das Salz in der Suppe beziehungsweise die essenzielle Zutat in dem Zaubertrank, der Wünsche erfüllt. Um die Motivation und positive Energie beizubehalten und das Glück im Augenblick nicht zu verpassen, dürfen wir schon vor der Zielerreichung Dankbarkeit empfinden: Dankbarkeit für unser Sein und unseren Prozess sowie Dankbarkeit für das, was wir schon erreicht haben, und das, was wir noch erreichen werden.

»Das klingt ja schön und gut«, denkst du dir jetzt vielleicht. »Aber wie kann denn auch ich das Gesetz der Anziehung für mich ganz konkret im Alltag nutzen?«

Hierfür gehen wir näher auf den Begriff der »Manifestation« ein. Das Gesetz der Anziehung und die Manifestation sind eng miteinander verbunden. Während das Gesetz der Anziehung besagt, dass unsere Gedanken und Emotionen unsere Realität beeinflussen und dass wir das in unser Leben ziehen, worauf wir uns konzentrieren, ist Manifestation der Prozess der Erschaffung dessen, was wir in unserem Leben wollen. Wenn wir etwas manifestieren, richten wir unser Bewusstsein, unsere Energie und unsere Gedanken auf unsere Ziele und Träume aus und erschaffen somit unsere neue, erwünschte Realität.

Lass uns doch mal schauen, wie du deinen Wunsch erfolgreich manifestieren kannst …

ENTFESSLE DIE VOLLE KRAFT DER MANIFESTATION

Ein wichtiger Aspekt der Manifestation ist die Visualisierung, also das gezielte Sichvorstellen und Fühlen der Erfüllung unseres Wunsches. Indem wir uns regelmäßig mit allen Sinnen vorstellen, wie es sich anfühlt, unser Ziel erreicht zu haben, und diese Erfahrung in unserem Körper und Geist verankern, können wir uns auf die Verwirklichung unseres Traumes ausrichten und ihn in unser Leben ziehen.

Für die praktische Umsetzung im Alltag existieren verschiedene Methoden, die obendrein auch noch Spaß machen und deiner Kreativität einen Kraftschub verpassen.

1. Schreibe dir einen Brief von deinem zukünftigen Ich

Um einen Wunsch zu manifestieren und deine Motivation zu beflügeln, kannst du einen Brief aus der Perspektive deines zukünftigen Ichs an dein heutiges Ich schreiben und dabei so tun, als ob dein Ziel bereits erreicht sei.

Versetze dich voll und ganz in die Lage deines zukünftigen Ichs, und stelle dir vor, wie es sein wird, wenn dein Traum Wirklichkeit geworden ist. Folgende Fragen können dich dabei unterstützen:

- Wie wird dein Leben aussehen, wenn du dein Ziel erreicht hast?
- Wo befindest du dich als dein zukünftiges Ich, wenn du diesen Brief verfasst? Was kannst du dort sehen, hören, riechen, schmecken und fühlen?
- Wie wirkst du, wenn du diesen Brief als dein zukünftiges Ich verfasst? Wie siehst du aus? Was denken andere möglicherweise über dich in der Rolle deines zukünftigen Ichs?
- Wie hast du dein Ziel erreicht? Welche Menschen haben dich dabei unterstützt? Welche deiner Fähigkeiten und Kompetenzen hast du eingesetzt?
- Wie gehst du als dein zukünftiges Ich mit der Zielerreichung um? Was wird dadurch für dich möglich?

Lies dir deinen Brief regelmäßig durch und visualisiere, wie es sich anfühlen wird, dein Ziel erreicht zu haben. So kannst du auch an grauen Tagen etwas leichter aus dem Bett hüpfen und bleibst an deinen Wünschen dran.

2. Kreiere ein Manifestationsmandala

Falls du über eine ausgeprägte künstlerische Ader verfügst und dich beim Malen und Zeichnen so richtig austoben möchtest, kannst du ein Manifestationsmandala anfertigen. Mandalas sind kreisförmige Darstellungen, die in vielen Kulturen, insbesondere in der buddhistischen und hinduistischen Tradition, verwendet werden. Bei der besonderen Gattung des Manifestationsmandalas werden Symbole und Bilder genutzt, die deine Wünsche und Träume repräsentieren. Die Intention dahinter ist, die eigene Aufmerksamkeit und Energie zu kanalisieren und auf die Kraftsymbole zu lenken, um so eine erhöhte Motivation und einen gesteigerten Fokus in der Zielerreichung zu bewirken.

Ich habe diese Methode erst viele Jahre nach meinem Auslandsstudium in den USA kennengelernt. Hätte ich sie davor bereits gekannt, hätte ich vermutlich Sterne in mein Mandala aufgenommen, da sie ein wesentlicher Bestandteil der US-amerikanischen Flagge sind. Ein Flugzeug hätte eine schöne Symbolik für die Fernreise dargestellt und das Emblem der Partneruniversität wäre ebenso in mein Mandala eingeflossen. Auch Symbole für neue Freundschaften, zum Beispiel ein Herz, und für meinen akademischen Erfolg, beispielsweise ein »Graduation Cap«, also ein traditioneller Hut, der in den USA bei Abschlussfeiern getragen wird, wären denkbar gewesen.

Das klingt spannend? Dann überlege dir gerne: Wie könnte dein Mandala aussehen? Welche Symbole repräsentieren deinen großen Traum? Nimm dir ein quadratisches Blatt Papier und falte es zweimal diagonal über die Mitte, sodass vier gleich große Dreiecke entstehen. Zeichne in jeden Bereich deine Kraftsymbole, sodass sie sich symmetrisch wiederholen.

Neben der Kraft der Formen kannst du dir die Kraft der Farben zunutze machen, um deine Absichten zu stärken, da Farben starke emotionale Assoziationen auslösen können. Du könntest Grün verwenden, wenn du Wachstum oder einen Neubeginn darstellen möchtest, Blau, um Ruhe und Klarheit zu symbolisieren, Rot, um Lebendigkeit und Leidenschaft abzubilden, und Gelb, um Freude, Begeisterung und Optimismus in dein Leben einzuladen.

Wenn du möchtest, kannst du dein Manifestationsmandala durch eine positive Affirmation abrunden. Bei Affirmationen handelt es sich um kurze, prägnante und positive Aussagen, die dir dabei helfen können, dein Unterbewusstsein auf dein Ziel auszurichten. Besonders kraftvoll sind solche Affirmationen, wenn sie in der Gegenwartsform formuliert sind – also ganz so, als wäre das Ziel bereits erreicht. Für mich hätte eine positive Affirmation damals folgendermaßen lauten können:

- »Ich bin erfolgreich und absolviere mein Studium in den USA mit viel Engagement.«

- »Ich bin offen für neue Erfahrungen und genieße meinen Auslandsaufenthalt in vollen Zügen.«
- »Ich bin dankbar für die Gelegenheit, in den USA studieren zu dürfen, und koste dieses Geschenk voll aus.«

Überlege dir, wie eine positive Affirmation für deinen Traum klingen kann, und formuliere die Aussage aus der Ich-Perspektive – und zwar so, als ob du dein Ziel schon erreicht hättest. Wiederhole die Affirmation regelmäßig in deinem Alltag, um dich mit deiner Zielvorstellung zu verbinden.

3. Erstelle ein Manifestationsbuch

Eine andere Technik, um Manifestationen kreativ in deinem Alltag einzubinden, stellt ein Manifestationsbuch dar.

Wie beim Vision-Board, über das wir zuvor bereits gesprochen haben, wird auch bei einem Manifestationsbuch gebastelt. Leg dir hierfür ein Notizbuch bereit, schreibe dein Ziel nieder, und bereite das Buch mit Zitaten, Stickern, Fotos und anderen motivierenden Elementen so auf, dass dein Bewusstsein auf die Verwirklichung dieses Traumes ausgerichtet wird. Wenn du dein Manifestationsbuch regelmäßig anschaust und weiter befüllst, kann es dir dabei helfen, deine Motivation hochzuhalten und dich auf deine Absichten zu konzentrieren.

Der Vorteil eines Manifestationsbuches gegenüber einem Vision-Board ist, dass du es problemlos mit dir herumtragen und stets bei dir haben kannst. Noch dazu handelt es sich hierbei um eine diskrete Form der Visualisierung, bei der du leichter entscheiden kannst, wer sie sieht und wer nicht.

4. Suche dir ein Kraftobjekt

Falls du dich eher mit konkreten Gegenständen als mit abstrakten Konzepten verbinden kannst, stellt ein Kraftobjekt eine wundervolle Möglichkeit dar, um dich regelmäßig an das von dir manifestierte Ziel zu erinnern. Kraftobjekte sind physische Objekte, die eine symbolische Wirkung haben und dem Besitzer positive Energie verleihen. Es gibt sie in verschiedenen Formen und Größen. So können Edelsteine, Amulette oder andere persönliche Gegenstände als visuelle und taktile Anker dienen, mit deren Hilfe du dich auf eine bestimmte Sache fokussieren und dich an deine Vorhaben erinnern kannst.

Für mich stellte ein Schlüsselanhänger ein Kraftobjekt dar, als ich meinen Traum vom Auslandsstudium in den USA manifestierte. Ich hatte als Teenager mit meiner Schwester eine einwöchige Reise nach New York unternommen und mir den Schlüsselanhänger dort gekauft. Nach der Reise verzierte er viele Jahre lang meinen Schlüsselbund. Jedes Mal wenn ich ihn in den Fingern hielt, erinnerte ich mich an meinen Wunsch, meinen Abschluss an einer US-amerikanischen Hochschule zu machen. Auch an stressigen Tagen zauberte mir diese Vorstellung ein Lächeln ins Gesicht und steigerte meine Motivation, doch noch etwas für mein Studium zu tun, auch wenn ich davor wenig Lust dazu hatte.

Vielleicht findest auch du einen kleinen, handlichen Talisman, den du in der Tasche tragen oder auf deinen Schreibtisch platzieren kannst, um dich durch die physische Verkörperung deiner Absicht daran zu erinnern, wofür du losgehst und was du erreichen willst. Und wer weiß, vielleicht ist es dann exakt jenes Objekt, auf das du in der Zukunft blicken wirst – voller Dankbarkeit, dass du dir deinen Wunsch erfüllt hast.

WAGE DEN SPRUNG INS KALTE WASSER

Möglicherweise brennt es dir schon unter den Fingernägeln und du hast richtig Lust, ein paar Manifestationstricks in die Tat umzusetzen und deine Ziele anzugehen. Vielleicht steigt aber auch ein mulmiges Gefühl in dir auf und der ungute Gedanke: »Was ist, wenn all das nichts bringt und ich am Ende mich selbst und andere enttäusche?«

Falls dem so ist, haben wir es mit Versagensangst zu tun. Versagensangst ist die Angst, Fehler zu machen, zu scheitern sowie inneren und äußeren Erwartungen nicht gerecht zu werden und dadurch Ablehnung zu erfahren. Sie kann in vielen unterschiedlichen Situationen und Lebensbereichen auftreten, zum Beispiel in der Schule oder während einer Ausbildung beziehungsweise eines Studiums, im Berufsleben, beim Sport, in Beziehungen und speziell auch im Sexualleben.

Die Angst vor dem Scheitern kann von Mensch zu Mensch unterschiedlich stark ausgeprägt sein und zu diversen physischen und psychischen Problemen führen. Neben Herzrasen, Schlafproblemen und Kopfschmerzen gehören Verdauungsbeschwerden, Übelkeit und Schweißausbrüche zu möglichen Symptomen einer Versagensangst. Häufig erleben Menschen mit akuten Versagensängsten auch negative Auswirkungen auf ihre Denkprozesse, zum Beispiel Konzentrationsprobleme. Für manche äußert sich eine Versagensangst, wenn sie sich wie betäubt fühlen, andere stürzen sich in ein Gedankenkarussell oder entwickeln Fluchtgedanken.

Aufgrund dieser negativen Symptome können viele Betroffene in entscheidenden Situationen nicht mehr ihr volles Potenzial abrufen oder geben bereits vorher auf und meiden Herausforderungen komplett. Sie ziehen sich zurück, vermeiden soziale Kontakte, prokrastinieren angesichts von Prüfungen und schieben anspruchsvolle Aufgaben vor sich her. Es entsteht eine sich selbst erfüllende Prophezeiung: Durch ihre inneren Blockaden stehen sie sich selbst im Weg, vermasseln Prüfungen, wirken auf die Chefin unprofessionell oder auf den Angebeteten angespannt und werden dadurch in ihrer Angst, nicht gut genug zu sein, bestätigt. Es entsteht ein Teufelskreis.

Bei anderen schlagen Versagensängste in das gegenteilige Extrem um, nämlich in Perfektionismus. Nichts wird dem Zufall überlassen. Vor Prüfungen wird gelernt ohne Ende und die eigenen Bedürfnisse bleiben auf der Strecke. Im Sexualleben werden die wildesten Kamasutra-Verrenkungen geübt, um den anderen zu beeindrucken; und die Präsentation für das nächste Meeting wird auch am Sonntagabend noch einmal feingeschliffen, obwohl sie bereits vor Tagen fertig war. Zwar führen die Anstrengungen durchaus auch zu Erfolgserlebnissen, doch das zu einem hohen Preis: Das gesundheitliche Wohlergehen bleibt oftmals auf der Strecke und nach der Anstrengung dominieren häufig Erschöpfung und ein Gefühl der Leere.

Das Scheußliche an Versagensangst ist, dass sie nicht nur direkt vor einer herausfordernden Situation auftreten kann, sondern bereits Tage oder gar Wochen im Vorfeld – nämlich dann, wenn wir uns die Möglichkeit des Versagens gedanklich vorstellen und dieses Bild bunt und detailliert ausschmücken. Mit unserer Fantasie und unserem Einfallsreichtum schüren wir die Angst selbst.

Da stellt sich die Frage, was du tun kannst, um Versagensangst gar nicht erst aufkommen zu lassen oder sie zu überwinden. Was kannst du tun, um für dich und deine Träume loszugehen und den Sprung ins kalte Wasser zu wagen? Was kannst du tun, um weder auf ein Vermeidungsverhalten zuzusteuern und deine Vorhaben auf die lange Bank zu schieben noch deinen Stresspegel durch Perfektionismus in die Höhe zu katapultieren?

Tipp 1: Schätze die Konsequenzen rational ein

Zunächst kann es bei Versagensangst helfen, Rationalität walten zu lassen und die Lage neu zu bewerten. Du kannst dir zum Beispiel vor Augen führen, dass Fehler zum Leben dazugehören und niemand alles makellos aus dem Ärmel schüttelt. Auch kannst du die Techniken zum Kopfkino nutzen und dir bewusst machen, was das Schlimmste ist, was im Fall des Scheiterns passieren kann, und wie du mit einem derartigen Szenario umgehen würdest. Anstatt deine Fantasie und deinen Einfallsreichtum für Horrorszenarien zu nutzen, kannst du sie schließlich einsetzen, um Lösungen für potenzielle Hürden zu entwickeln. Das beruhigt nicht nur den Geist, sondern stellt auch sicher, dass du bei entsprechenden Herausforderungen bereits gut vorbereitet bist.

Tipp 2: Sorge aktiv für Entspannung

Leistungsdruck und Versagensangst wirken sich auf unser vegetatives Nervensystem aus und verursachen Stress. Um diesen Stress abzubauen und die Nerven zu beruhigen, empfehle ich dir, aktiv für Entspannung zu sorgen. Vielleicht kannst du mit Yoga oder einem Spaziergang durch den Wald runterkommen oder du probierst progressive Muskelentspannung aus. Möglicherweise hilft dir auch ein Schaumbad im Kerzenschein oder du lässt dich im Rahmen einer professionellen Massage einmal richtig durchkneten. Was immer es sein mag, was dir hilft, abzuschalten und zur Ruhe zu kommen: Nimm dir die Zeit dafür. Denn wenn du ausgeglichen bist, schläfst du besser, fühlst dich besser und kannst auch bessere Leistungen bringen.

Tipp 3: Lenke deinen Fokus auf deine Erfolge

Wenn du deinen Blick auf die Vergangenheit lenken willst, dann wenigstens auf die »gute Vergangenheit«. Ich lade dich dazu ein, nicht darüber nachzugrübeln, warum du eine Versagensangst entwickelt hast, sondern dir all das vor Augen zu führen, was du im Leben schon erreicht hast. Mach dir bewusst, wo deine Stärken liegen und worin du gut bist, welche Hürden du bereits gemeistert hast und wie weit du schon gekommen bist. Indem du dir deine Stärken und Erfolge vor Augen führst, steigerst du dein Selbstvertrauen und wirst dir darüber klar, welche Fähigkeiten und Kompetenzen du bei anstehenden Herausforderungen einsetzen kannst.

Tipp 4: Denke an den Tag danach

Neben bereits erlebten Erfolgen kannst du dir auch zukünftige Erfolge bildhaft vorstellen. Mach es dir hierzu an einem ruhigen Ort bequem, schließe deine Augen, und male dir gedanklich aus, wie du deine Herausforderung gemeistert hast und wie sich das anfühlen wird. Begib dich voll und ganz in deine Vorstellung, so als ob sie die gegenwärtige Realität wäre.

Insbesondere bei Hochschulprüfungen und Vorstellungsgesprächen habe ich meinen Fokus gerne von der Herausforderung weggelenkt und mir den Tag danach ausgemalt. Ich habe mir vorgestellt, was ich an dem Tag tue, mit wem ich zusammen bin und was ich tief in mir empfinde. Dadurch habe ich die Prüfung beziehungsweise das Vorstellungsgespräch nicht nur ins Verhältnis zu meinem gesamten Leben gesetzt, sondern auch positive Emotionen in mir ausgelöst und für Entspannung gesorgt.

Letztendlich darfst du deiner Intuition vertrauen und die Reise deines Lebens so schnell oder langsam gestalten, wie du möchtest. Vielleicht möchtest du nicht direkt einen Kopfsprung in neue Gewässer wagen, sondern erst einmal den kleinen Zeh ins kalte Wasser dippen. Alles ist ein Fortschritt. Alles bietet eine Möglichkeit zum Lernen. Und auf jede einzelne Vorwärtsbewegung darfst du stolz sein.

BETRACHTE HERAUSFORDERUNGEN ALS CHANCE

Der Sprung ins kalte Wasser oder zumindest das Antesten mit dem kleinen Zeh ist gemeistert – und vielleicht hast du bemerkt, dass es gar nicht so kalt ist, wenn du dich erst mal daran gewöhnt hast. Häufig beginnen sich Dinge zu fügen, wenn dieser erste Schritt geschafft ist, und wir gelangen in einen Fluss, der die nächsten Schritte erleichtert. Ich erinnere mich an viele Situationen in meinem Leben, in denen ich zunächst zögerte und mich, nachdem ich losgegangen war, fragte, warum ich vorher solche Startschwierigkeiten gehabt hatte. Oft traf ich plötzlich Menschen, die mich auf meinem Weg unterstützten. Es ergaben sich Begegnungen, die mich inspirierten und mir neue Möglichkeiten aufzeigten. Ich entdeckte Orte und Ressourcen, die mir halfen und meine Reise erleichterten. Und es wurde einfacher, je weiter ich ging.

Doch nach einer Weile stieß ich immer mal wieder auf Herausforderungen und Hürden. Vielleicht war es das Universum, das testen wollte, ob ich es mit meinen Vorhaben wirklich ernst meinte. Vielleicht handelte es sich dabei lediglich um statistisch erwartbare Ereignisse, die bewiesen, dass im Leben eben nicht immer alles glatt- und geradlinig geradeaus laufen kann. Der Lebensweg ist gezeichnet von Verzögerungen, Umleitungen und Schlenkern, und wir entscheiden, ob wir unser Auto abstellen und aufgeben, genervt die kürzeste Route suchen oder uns über die Umwege freuen, weil sie unsere Ortskenntnis erweitern.

Lass uns die Umleitungen auf unserem Lebensweg nutzen, um unsere Ziele auf neuen Pfaden zu erreichen – denn oft führen gerade die Umwege zu den schönsten Entdeckungen auf der Strecke.

Vielleicht befindest auch du dich gerade oder in naher Zukunft an einem Punkt, an dem es nicht weiterzugehen scheint. Vielleicht hast du Bewerbungen für einen neuen Job versendet und kassierst nur Absagen, oder du hast dich auf einer Dating-Plattform angemeldet und triffst nur Menschen, die etwas Lockeres wollen, obwohl du dich nach etwas Ernsthaftem sehnst. Vielleicht läuft dein gerade gegründetes Unternehmen langsamer an als erhofft oder deine regelmäßigen Fitnessstudio-Besuche zeigen noch nicht den Effekt, den du erwartet hast.

In diesem Fall möchte ich dich zunächst trösten: Damit bist du nicht allein. Egal, ob ich auf mein Leben blicke, auf das meiner Freundinnen und Familienmitglieder oder auf das meiner Glücksreisenden: Wir alle waren schon mal an diesem Punkt und es wird mit Sicherheit nicht das letzte Mal der Fall gewesen sein. Gleichzeitig gibt es kraftvolle Methoden, um diese Herausforderungen zu überwinden.

1. Zielorientierung: Richte deinen Fokus stets (zurück) auf dein Ziel

Ein kraftvolles Mittel, um nach einem Rückschlag oder in einer Sackgasse nicht den Mut und die Motivation zu verlieren, ist eine klare Zielorientierung. Mario Andretti, ein ehemaliger italienisch-amerikanischer Rennfahrer, der in den 1960er- bis 1980er-Jahren aktiv war und viele große Rennen gewann, erklärte in Interviews und Vorträgen mehrfach, wie diese funktioniert. Dabei beschrieb er, was zu tun ist, wenn man während eines Autorennens von der Straße abkommt. Der Trick besteht darin, den Blick nicht auf die Wand zu richten, da unsere Handlungen meist unserer Blickrichtung folgen. Vielmehr sollte der Fokus zurück auf die Straße gerichtet werden, um das Ziel zu erreichen.

Diese Analogie lässt sich wunderbar auf unser Leben als Ganzes übertragen: Wer vom Weg abkommt und Herausforderungen meistern möchte, sollte sich auf das Ziel konzentrieren und nicht auf das, was blockiert. Gewissermaßen bringt uns die Weisheit Andrettis zurück zu unserem Konzept von der mentalen Taschenlampe, denn gerade wenn wir uns mit Problemen konfrontiert sehen, ist es wichtiger denn je, unseren mentalen Scheinwerfer auf die Lösungen zu richten.

Wenn du – wie Andretti – das Gefährt deines Lebens zurück auf die Straße lenken und jubelnd ins Ziel fahren möchtest, können dir folgende Affirmationen dabei helfen:

- Ich vertraue auf meinen Weg und bin entschlossen, mein Ziel zu erreichen.
- Ich bin flexibel und finde Lösungen, um meine Träume zu verwirklichen.
- Ich bin motiviert und glaube an mich und mein Können.
- Ich werde in jeder Situation positive Erfahrungen sammeln und daraus lernen.
- Ich werde konzentriert und fokussiert bleiben, um meine Wünsche zu erfüllen.

- Ich bin selbstbewusst und habe die Fähigkeiten und das Können, um meine Ziele zu erreichen.
- Ich bin auf dem richtigen Weg und werde mein Ziel erreichen, auch wenn es Zeit und Geduld erfordert.
- Ich richte meinen Fokus stets auf meine Ziele und Prioritäten.
- Ich bin stolz auf das, was ich bereits erreicht habe, und dankbar für die Möglichkeiten, die mir noch offenstehen.
- Ich bin freundlich zu mir selbst und gebe mir die Unterstützung, die ich brauche, um erfolgreich zu sein.

Ich möchte dich dazu ermuntern, dir von diesen Affirmationen die drei herauszuschreiben, die dich am meisten ansprechen, und die Kärtchen an Orten zu platzieren, an denen du sie täglich lesen kannst. Dafür bietet sich zum Beispiel ein Nachtschränkchen an, der Schreibtisch, ein Wandspiegel im Flur oder der Kühlschrank.

Falls du viel an unterschiedlichen Orten unterwegs bist oder diskreter mit deinen Affirmationen umgehen möchtest, kannst du auch eine neue Routine einführen und sie dir jeden Morgen nach dem Aufwachen und jeden Abend vor dem Schlafengehen gedanklich vorsprechen. Darüber hinaus kannst du dir deine Affirmationen in Erinnerung rufen, wenn du an einer roten Ampel oder in einer Kassenschlange im Supermarkt stehst. So machst du das Warten nicht nur erträglicher, sondern transformierst es sogar zu einer sinnvollen Komponente innerhalb deiner Zielerreichung. Auch vermeidest du durch diese Methoden ein unbewusstes Absinken in ein Gedankenkarussell und trainierst dein Denken in eine positive Richtung.

Um deine Affirmationen noch stärker im Alltag zu verankern und ihre volle Kraft zu entfesseln, kannst du sie mit einer Geste untermauern. So kannst du beispielsweise eine Hand zum Herzen führen, wenn du dir deine Affirmation laut oder gedanklich vorsprichst, und dich mit der Wärme deines Körpers verbinden.

2. Reframing: Entwickle eine positive Einstellung zu deinen Herausforderungen

Den Fokus auf das Ziel zu richten ist ein wunderbarer Ansatz, um nicht im Problemdenken zu versinken. Gleichzeitig dürfen wir es anerkennen, wenn wir Herausforderungen begegnen, da sie ein normaler Teil unseres Lebens sind. Es stellt sich daher die Frage: Wie können wir eine Balance zwischen einem zielorientierten Lösungsdenken und der Anerkennung von Hürden finden?

Eine Möglichkeit stellt das sogenannte Reframing dar. »Reframing« bedeutet, dass wir eine Situation aus einer anderen Perspektive betrachten und sie anders interpretieren, um neue Möglichkeiten und Lösungen zu finden. Es geht darum, die Art und Weise, wie wir über Herausforderungen denken, zu ändern und sie als Chance für Wachstum und Entwicklung zu betrachten. Anders formuliert: Beim Reframing entscheiden wir, ob wir einen Umweg als nervig oder gewinnbringend betrachten.

Ich erinnere mich noch gut an eine Phase in meinem Leben, in der Reframing nicht nur meine Stimmung, sondern meine berufliche Zukunft gerettet hat. Wir springen einige Jahre in der Zeit zurück, bis ans Ende meines Bachelorstudiums …

Nachdem ich International Business Studies als Bachelor-Studiengang studiert hatte, wollte ich meine akademische Karriere mit einem Master in VWL abrunden. Meine exzellenten Abschlussnoten und mein Stipendium waren mir damals wohl zu Kopf gestiegen, denn ich war mir sicher, dass es ein Kinderspiel wäre, den gewünschten Anschlussstudienplatz zu bekommen. Ich bewarb mich daher nur an einer – äußerst renommierten – Universität. Das war ein sehr ungewöhnliches Vorgehen für mich, da ich ansonsten häufig an mir zweifelte und lieber noch einen Plan B, C und D in der Hinterhand hatte. Was mich letztendlich zu dieser Denk- und Verhaltensweise animierte, kann ich mir bis heute nicht erklären, und von Erfolg war diese Aktion auch nicht gekrönt: Nur wenige Wochen später erhielt ich die Rechnung für meinen Höhenflug in Form einer Absage. Zu diesem Zeitpunkt waren bereits sämtliche Bewerbungsfristen abgelaufen und ich stand ohne einen Anschlussstudienplatz da.

Als ich das realisierte, kam Panik auf. Mein bisher geradliniger Lebenslauf geriet aus den Fugen, und ich hatte nicht den blassesten Schimmer, was ich nun tun und wie ich Geld verdienen sollte. Ich schilderte meinen Fall im E-Mail-Verteiler meiner Mitstipendiaten und Mitstipendiatinnen. Mich vor anderen Menschen derart entblößt und verletzlich zu zeigen, gefiel mir gar nicht. Noch dazu handelte es sich dabei um Menschen, die nicht wie ich planlos umhertrudelten, sondern Studienplätze und bestimmt auch genaue Lebenspläne hatten. Ich fühlte mich wie eine Versagerin, doch ich war zu verzweifelt, um nicht nach jedem Strohhalm zu greifen.

Ein Stipendiat antwortete mir. Ich bin ihm noch heute zutiefst dankbar. Er empfahl mir einen Praktikumsplatz in einem renommierten Konzern und dank seiner Verbindungen bekam ich ihn auch. Ich änderte meinen Blick auf meine Situation und überlegte, wofür diese Schicksalswende gut war und wofür ich dankbar sein konnte. So erfuhr ich in meinem Praktikum nicht nur eine Menge über das Arbeitsleben, sondern lernte auch großartige Menschen kennen. Unsere Wege hätten sich nie gekreuzt, wenn mein Plan A aufgegangen wäre. Was als Schlamassel begann, hat mir schließlich noch das größte Geschenk gemacht, als ich bemerkte, dass VWL mein Herz nicht höherschlagen ließ. Ich entschied mich im Folgejahr für ein anderes Studium, das besser zu mir passte und nach und nach in der Tätigkeit mündete, der ich jetzt nachgehe und die mich zutiefst erfüllt.

Wenn auch du die Herausforderungen und Hürden in deinem Leben als Chancen für dein Wachstum betrachten möchtest und das Gute in deiner Situation entdecken willst, können dir folgende Fragen dabei helfen:

- Was ist das Gute an dieser Situation, das ich vielleicht bisher übersehen habe?
- Wie kann ich meine Denkweise ändern, um diese Situation als Chance zu betrachten?
- Welche neuen Fähigkeiten oder Stärken kann ich durch die Bewältigung dieses Problems entwickeln?
- Was sind die Vorteile der Lösung dieses Problems?

Die Klärung dieser Fragen kann dir dabei helfen, deine imaginäre Taschenlampe auf das Schöne und Gute auszurichten. Sie helfen dir, deinen Mut nicht zu verlieren und weiterzumachen, wenn nicht alles prickelnd läuft. Vertraue auf die Kraft dieser Fragen und die Weisheit deiner Antworten – und du wirst sehen: Über viele deiner heutigen Probleme wirst du in Zukunft nur noch schmunzeln.

3. Mindmapping: Finde Lösungen für deine Probleme

Schließlich geht es neben der Fokussierung auf das Ziel und dem Reframing von Problemen als Chancen darum, Lösungen zu entwickeln. Eine kreative Methode, um dies zu erreichen, ist das Mindmapping.

Beim Mindmapping werden Ideen und Konzepte grafisch dargestellt. Hierzu kannst du zunächst dein Ziel in ausformulierter Form oder als Schlagwort in die Mitte eines Blatt Papiers schreiben und umkreisen. Im Anschluss schreibst du die Themen auf, die mit deinem Ziel verknüpft sind, und verbindest sie durch eine Linie mit dem Hauptelement deiner Grafik. Danach kannst du die einzelnen Themen durch weitere Unterbegriffe und Verzweigungen erweitern.

Wenn es zum Beispiel dein Ziel ist, dich beruflich umzuorientieren, könnte dein Schlagwort »Neuer Job« sein. Hiervon können Aktionsschritte wie »Lebenslauf aktualisieren«, »Stellenanzeigen durchstöbern« und »Arbeitszeugnis einfordern« abgeleitet werden. Anschließend können diese verfeinert werden. Beispielsweise kannst du Stellenanzeigen in Zeitungen oder auf Plattformen wie LinkedIn oder XING suchen oder Kontakt zu Vermittlungsagenturen aufnehmen.

Folgende Fragen können dich bei der Erstellung deiner Mindmap unterstützen:

- Was ist das Hauptthema meiner Mindmap?
- Welche Unterpunkte oder Aspekte gehören zu diesem Thema?
- Wie hängen diese Unterpunkte oder Aspekte zusammen?

- Was sind Vor- und Nachteile oder Chancen und Risiken von bestimmten Optionen?
- Welche Ideen und Lösungen fallen mir ein, um ein bestimmtes Problem zu lösen?
- Was sind Etappenziele oder Schritte, um ein bestimmtes Projekt umzusetzen?
- Was sind die wichtigsten Fakten oder Informationen zu einem bestimmten Thema?
- Wie kann ich kreativ sein und neue Ideen oder Zusammenhänge entdecken?
- Wie kann ich meine Gedanken oder Ideen besser organisieren und speichern?

Daneben existieren zahlreiche weitere Methoden, um Herausforderungen als Chancen und Probleme als Vorstufe von Lösungen zu betrachten. Letztendlich kommt es darauf an, dass wir uns in schwierigen Phasen mit Selbstliebe und Geduld begegnen und uns regelmäßig vor Augen führen, dass jeder schon einmal Rückschläge erlebt hat und auf Blockaden im Leben gestoßen ist. Gleichzeitig tragen wir alle die Fähigkeit in uns, unsere Probleme zu lösen und aus unseren Fehlern zu lernen. Manchmal ist der Prozess schmerzhaft. Vielleicht bringt er uns sogar zum Verzweifeln. Doch er ist es immer wert.

**Jeder Mensch trägt das Potenzial in sich,
auch die schwierigsten Herausforderungen zu meistern.**

WAS DU AUF DEINEM WEG INS GLÜCK NICHT VERGESSEN SOLLTEST

Wenn dieses Buch eine Bergbesteigung wäre, hättest du mittlerweile einen ziemlich tollen Ausblick. Unter dir würden sich saftige Wiesen und schattige Täler, dicht wuchernde Wälder und üppige Weiden erstrecken. Der Weg bis zum Gipfelkreuz wäre wahrlich nicht mehr weit und die restlichen Meter würdest du dich auf einem sonnigen Pfad in die Höhe bewegen.

Denn du hast bereits einen guten Überblick über das Lebensglück erhalten, darüber, wie du deinen Wert als einzigartiges Individuum erkennst und ein Leben gestaltest, das zu dir passt und von Leichtigkeit, Freude und Positivität geprägt ist.

Auf den letzten Metern – pardon, ich meine Seiten – möchte ich ein paar Erkenntnisse, die für dich und deine Reise enorm bedeutsam sind, noch einmal aufgreifen. Vor allem jedoch erwarten dich noch neue Ideen, Impulse und Fragestellungen, um dein Verständnis für das Thema »Glück« zu stärken und zu vertiefen.

BITTE BLEIB NICHT SO, WIE DU BIST

Als Teenager habe ich meine Zimmertür nicht mit Postern berühmter Sängerinnen oder Boybands zugekleistert, sondern von oben bis unten mit Spruchkarten beklebt. Noch heute liebe ich Postkarten mit motivierenden Aussagen und geistreichen Zitaten, wobei ich diese mittlerweile eher als schicke Prints eingerahmt an die Wände meines Arbeitszimmers hänge. Nichtsdestotrotz bleibe ich jedes Mal an den Aufstellern mit gedruckten Weisheiten stehen, wenn ich in einem Buchladen bin. Meist zaubert mir diese Angewohnheit ein Lächeln ins Gesicht. Nicht jedoch vor ein paar Tagen …

Im Supermarkt um die Ecke steht ein Aufsteller mit Spruchkarten direkt neben der Kasse. Eine der Karten zeigte einen süßen Dackel, der mit seinem treuen Hundeblick von unten direkt in die Kamera schaute. Darunter geschrieben stand: »Bitte bleib genau so, wie du bist … Versprochen?«

Beim Lesen dieser Karte rollten sich meine Zehennägel hoch. Jemandem zu sagen, er solle so bleiben, wie er ist, bedeutet im Umkehrschluss, dass diese Person sich bloß nicht verändern möge. Die Animation zum Stillstand ist zum einen schädlich und zum anderen vollkommen unrealistisch.

Sie ist unrealistisch, weil wir uns alle permanent verändern. Selbst in dieser Sekunde, in der du meine Worte liest, ist so einiges in deinem Körper und Geist im Wandel: Tausende deiner Zellen sind gerade gestorben. Tausende neue wurden gebildet. In einer einzelnen Sekunde können sich deine Herzfrequenz, deine Atemfrequenz, dein Hormonspiegel und deine Gehirnaktivität verändern. Vielleicht hast du beim Lesen meiner Zeilen Gedanken gefasst, die du noch nie zuvor gefasst hattest. Vielleicht sickern manche davon in dein Unterbewusstsein und das nächste Mal, wenn du eine Geburtstagskarte aussuchst, greifst du intuitiv zu einem anderen Exemplar, als du es ohne die Lektüre dieses Buches getan hättest. Unser Körper ist stets im Wandel und ebenso unser Geist. Unser ganzes Sein ist fließend. Wir verändern uns stetig. Das ist der Lauf der Dinge.

Die Äußerung ist schädlich, da sie unserem Unterbewusstsein suggeriert, dass es unseren Mitmenschen nicht gefallen könnte, wenn wir uns verändern.

Vielleicht hast du dir auch schon einmal darüber Sorgen gemacht, was deine Eltern denken, wenn du dein Studium nach dem fünften Semester abbrichst, um etwas ganz anderes zu machen. Oder du hast dich gefragt, was deine Bekannten wohl denken, wenn du ihnen mitteilst, dass du seit Neuestem einen Menschen deines Geschlechts datest, obwohl du vorher in einer heterosexuellen Beziehung gelebt hast. Vielleicht beschäftigte dich schon mal die Frage, was dein Partner oder deine Partnerin denkt, wenn du aus einem Gefühl heraus deine Haare färbst, oder was deine Kolleginnen und Kollegen von dir halten, wenn du Bluse und Perlenkette gegen Gothic-Shirt und Piercing eintauschst.

Die Angst vor den Reaktionen des Umfelds ist eines der größten Hindernisse vieler Menschen, wenn sie etwas in ihrem Leben verändern wollen. Ein Spruch wie auf der beschriebenen Karte mag zwar gut gemeint sein, ist jedoch nicht zuträglich. Aber wie kam jemand dann auf diese Idee?

Ich denke, was der Verfasser jener Karte eigentlich auszudrücken versuchte, war so etwas in der Art wie:

- »Ich hab dich gerne.«
- »Du bist gut, so wie du bist.«
- »Ich mag deine Art.«

Durch solche Aussagen wird Wertschätzung ausgedrückt, ohne dem Empfänger eine Aufgabe überzustülpen, die unmöglich erfüllt werden kann. Eine wundervolle Ergänzung stellen in meinen Augen folgende Sätze dar:

- »Ich unterstütze dich, auch wenn du dich für einen anderen Weg entscheidest.«
- »Ich wünsche dir, dass du fest an dich und deine Träume glaubst.«
- »Ich wünsche dir den Mut, für dich loszugehen.«

Wäre unser Leben nicht furchtbar langweilig, wenn wir uns nie verändern würden? Wäre die Welt nicht unglaublich öde, wenn alles stets so bliebe, wie es mal war?

Ich bin der Meinung, dass Veränderung manchmal angsterregend sein kann und trotzdem nichts Schlechtes ist. Um für uns, unsere Träume und ein authentisches Leben loszugehen, müssen wir nicht frei von Furcht und Zweifeln sein. Wir dürfen ins Wanken geraten. Schließlich leben wir dieses Leben zum ersten Mal, und auch wenn es manchmal so scheint, als ob andere alles im Griff haben und genau wissen, was sie tun, experimentieren wir in Wahrheit doch alle, wir alle probieren Dinge aus. Glaub mir, niemand hat alles raus. Wir alle sind manchmal unschlüssig, empfinden widersprüchliche Gefühle, denken scheinbar unvereinbare Gedanken und verfolgen ambivalente Ziele. Bei uns allen klappen manche Dinge wie von Geisterhand und andere gehen gewaltig in die Hose. Eine gewisse Unsicherheit wird niemals verschwinden und Kontrolle wird stets eine Illusion bleiben. Doch das sollte uns nicht davon abhalten, uns zu verändern, wenn sich unsere Lebensumstände nicht mehr stimmig anfühlen. Und es sollte uns auch nicht davon abhalten, uns zu verändern, *bevor* sich Dinge in unserem Leben nicht mehr stimmig anfühlen. Wir müssen nicht auf Impulse aus dem Außen warten, um uns zu wandeln und zu entwickeln. Schließlich sind wir die Regisseure und Hauptfiguren im Film unseres Lebens und das Drehbuch liegt in unserer Hand.

Ich lade dich daher dazu ein, dich zu verändern. Bitte bleib nicht so, wie du bist, sondern öffne dich deinem Wachstum – dir zuliebe und den Menschen, die dir wichtig sind.

WIR SIND WICHTIG, ABER WIR MÜSSEN UNS SELBST NICHT ZU WICHTIG NEHMEN

Die Vorstellung, dass Veränderung etwas Schlechtes sei oder du die Reaktionen deiner Mitmenschen fürchten solltest, konnte ich dir hoffentlich nehmen. Doch was ist, wenn deine Angst gar nicht im Außen begründet ist, sondern du vielmehr an deinen eigenen Fähigkeiten und Kenntnissen zweifelst? Was, wenn du dich nicht traust, für dich loszugehen, weil du denkst, dass du nicht gut genug bist oder es nicht verdient hast, bei deiner Zielverfolgung erfolgreich zu sein? Falls diese Fragen einen Nerv bei dir treffen, bist du damit nicht allein.

Neulich meinte eine meiner Glücksreisenden zu mir, dass sie unter dem Hochstapler-Syndrom leide und ihre berufliche Expertise ständig selbst hinterfrage. Diese Gedanken und Gefühle hinderten sie daran, in ihrem Job ihr volles Potenzial zu entfalten und selbstsicher für sich loszugehen. Viele der Menschen, die an meinem Coaching-Programm teilnehmen, sind selbst ihre größten Kritiker und Kritikerinnen und strafen sich dafür, wenn sie nicht alles perfekt machen. Auch in meinem privaten Umfeld merke ich häufig, dass die Gedanken meiner Mitmenschen mehr um ihre Fehler und vermeintlichen Unzulänglichkeiten kreisen als um ihr Können und ihre Stärken. Was hierbei Abhilfe schaffen kann, ist, sich der eigenen Fähigkeiten und Kompetenzen bewusst zu werden. Hierzu möchte ich dir drei Übungen vorstellen.

Übung 1: Lass deine Erfolge für dich sprechen

Triff dich mit zwei oder drei Menschen, denen du vertraust und nahestehst. Erzähle ihnen von einem Erfolg, den du in deinem Leben erreicht hast, und bitte sie, sich aufzuschreiben, welche Fähigkeiten und Talente sie dadurch an dir erkennen. Es kann sich dabei um einen kleinen oder großen Erfolg handeln, um ein Erlebnis aus deinem Privat- oder Berufsleben. Es ist auch egal, wie lange das Ereignis zurückliegt. Wichtig ist einzig und allein, dass es sich um eine Sache handelt, auf die du stolz bist, und dass du detailliert davon berichtest. Nachdem du fertig erzählt hast, bittest du den Zirkel deiner Vertrauten, ihre Notizen vorzulesen.

Vielleicht wird es dich Überwindung kosten, diese Übung durchzuführen und dich anderen zu öffnen. Nach meiner Erfahrung hat sie sich jedoch stets gelohnt.

So erinnere ich mich gut an eine Glücksreisende, die an sich selbst kein gutes Haar fand und der festen Überzeugung war, im Leben noch nichts erreicht zu haben. Schließlich erwähnte sie in einem Gespräch, dass sie ihr Abitur mit einem Notendurchschnitt von 2,0 bestanden hatte. Ich bat sie, mir mehr darüber zu berichten, und erfuhr, dass sie von ihren Eltern keinerlei Unterstützung erhalten hatte und auch viele ihrer Lehrer aufgrund ihrer Vorjahresleistung skeptisch gewesen waren. Trotz alledem hatte sie sich durchgebissen und sogar ihr Horrorfach Mathe erfolgreich bestanden. Ich notierte mir all die positiven Eigenschaften, die ich aufgrund dieser Geschichte in ihr las. Dazu gehörten Durchhaltevermögen, Ausdauer, Fleiß, Standhaftigkeit, Resilienz, Kraft und innere Stärke. Als ich ihr im Anschluss an ihre Erzählung meine Notizen vorlas, errötete sie und winkte ab. So ganz konnte sie meine Beobachtung und das Kompliment an ihre Person noch nicht zulassen, doch ich spürte, wie sich ein Schalter umlegte. Dies wurde in einem späteren Gespräch noch deutlicher, als sie mir stolz von einem Erfolg in ihrem Job berichtete und sich dabei verbal selbst auf die Schulter klopfte.

Als ich die Übung mit einem anderen Glücksreisenden durchführte, berichtete mir dieser, dass er als junger Mann ein festes Angestelltenverhältnis aufgegeben hatte, um auf einem Kreuzfahrtschiff zu arbeiten. Seine Angehörigen erklärten ihn damals für »nicht ganz dicht«, er könne all seine Sicherheit doch nicht aufgeben, um planlos durch die Welt zu tingeln. Trotz des Widerstands seiner Eltern und Geschwister hat er an seinem Traum festgehalten – und ist nach wie vor der Meinung, dass dies die beste Entscheidung war, die er hätte treffen können. Anhand seiner Geschichte identifizierte ich wundervolle Charaktereigenschaften an ihm. Dazu gehörten Mut, Neugierde, Entdeckergeist, Offenheit, Lernbereitschaft, Wissensdurst, Selbstvertrauen und eine starke Intuition. Wie viele meiner Glücksreisenden hatte er nicht mit einer so umfangreichen Liste gerechnet und war ergriffen von all den tollen Schätzen, die in ihm schlummerten und denen er mehr Aufmerksamkeit und Dankbarkeit schenken durfte.

Schließlich möchte ich dir noch von einer dritten Glücksreisenden erzählen, die ihre Erfolge im Rahmen meiner Übung für sich sprechen ließ. Sie erzählte mir, wie sie für ihren Ehemann da war, als dieser zunächst in eine Depression und später in eine Alkoholsucht rutschte. Unter Tränen sprach sie über ihren Schmerz und die Anstrengungen dieser Jahre. Auch sprach sie über die Liebe, die sie für ihn empfand, und die Erleichterung, als er durch ihre Hilfe und die einer Therapeutin nach und nach zurück ins Leben fand. Anhand ihrer Geschichte identifizierte ich Geduld, Empathie, Nächstenliebe, innere Kraft, Resilienz, Vertrauen und Einfühlungsvermögen. Als ich ihr meine Beobachtungen mitteilte, flossen viele weitere Tränen. Es waren Tränen der Dankbarkeit.

Wie du an diesen Geschichten erkennen kannst, wohnt der hier beschriebenen Übung eine Menge Kraft inne. Sie kann vieles aufrütteln und uns gleichzeitig so viel Liebe, Freude und Herzenswärme schenken. Probiere sie daher in einem Umfeld aus, in dem du dich sicher und geborgen fühlst, und lass dich überraschen, welche ungeahnten Fähigkeiten in dir schlummern und welche deiner Charaktereigenschaften nicht so selbstverständlich sind, wie du bisher dachtest.

Übung 2: Lass dich von anderen feiern

In der zweiten Übung wird es noch eine ganze Nummer heißer. Hier ist eine ordentliche Portion Mut gefragt, denn du weitest das Feld deiner Feedbackgeber aus. Anders als bei der ersten Übung, in der du nur zwei oder drei Vertraute nach ihren Einschätzungen fragst, zielt diese Methode darauf ab, direkt ein Dutzend deiner Kontakte zu aktivieren.

Schreibe an zwölf deiner Telefonkontakte eine Nachricht und bitte sie, dir innerhalb kürzester Zeit drei Stärken zu nennen, die sie an dir erkennen. Bei diesen Kontakten sollte es sich um möglichst unterschiedliche Menschen handeln: Männer und Frauen, jüngere und ältere Personen, Menschen aus deiner Familie, deinem Freundeskreis und deinem Job. Deine Nachricht könnte zum Beispiel folgendermaßen aussehen:

> *Hallo, XYZ,*
>
> *da du mich so gut kennst, habe ich heute eine ganz besondere Bitte an dich. Kannst du mir schreiben, was in deinen Augen meine drei größten Stärken sind? Was kann ich deiner Meinung nach besonders gut und was zeichnet mich aus? Ich freue mich sehr auf deine Rückmeldung. Vielen Dank!*
>
> *Dein(e) XXX*

Als ich diese Übung zum ersten Mal selbst durchführte, waren meine Hände so schwitzig, dass mir mein Smartphone beinahe aus der Hand gerutscht wäre. Kurz nach dem Abschicken hatte ich sogar darüber nachgedacht, die Nachrichten zurückzuziehen, um mich danach unter meiner Bettdecke zu verstecken. Glücklicherweise tat ich dies nicht und blieb standhaft, denn die Rückmeldungen kamen zügig und waren wunderschön und bestärkend. Die Methode kann auch dir wertvolle Erkenntnisse über deine Stärken schenken und dir einen ordentlichen Schub an positiver Energie verpassen. Lohnen tut sie sich somit allemal.

Übung 3: Lass deine Talente an die Oberfläche

Falls die Vorstellung, andere nach deinen Kompetenzen und Fähigkeiten zu fragen, bei dir ein mulmiges Gefühl auslöst und du dich damit nicht wohlfühlst, kannst du dein Selbstwertgefühl auch durch eine eingehende Selbstreflexion stärken. Beantworte dir hierzu die folgenden Fragen:

- Was fällt mir leicht, was geht mir locker von der Hand?
- Was bewundern andere an mir?
- Welche Situationen empfinde ich als ganz einfach und meistere ich mit Bravour, während andere zögern und ihre Schwierigkeiten haben?
- In welchen Lebensabschnitten sind meine Talente besonders zur Geltung gekommen?
- Wie kann ich meine Talente miteinander verbinden?

Wie die obigen zwei Übungen kann dir auch diese dabei helfen, deine Aufmerksamkeit von deinen Fehlern und vermeintlichen Makeln wegzulenken, sie auf deine Stärken zu richten und die in dir schlummernden Ressourcen zu aktivieren.

Doch was ist, wenn der Gedanke an die eigenen Mängel und daran, was »die anderen« wohl denken, bleibt? Was ist, wenn du weiterhin das Gefühl hast, dass jeder kleine Fehler wie eine Leuchtreklame aufblinkt? Dann dürfen wir uns bewusst machen, dass wir gar nicht so wichtig sind …

»Wie? Was?«, denkst du dir nun vielleicht. »In dem ganzen Buch erzählt Vanessa mir, dass ich wichtig und einzigartig bin, und jetzt kommt sie mit so was? Was soll ich denn davon halten?« Um dein großes Fragezeichen aus dem Weg zu räumen, möchte ich dir von einer weiteren Übung erzählen, die ich in Einzelsitzungen häufig durchführe.

Übung 4: Ich sehe was, was du nicht siehst

Ich führe meine Coaching-Sitzungen in der Regel digital durch. Gelegentlich schalte ich mitten im Gespräch und ohne vorherige Ankündigung meine Kamera aus. Meist ist mein Gegenüber dann etwas irritiert, klickt herum und scheint den Fehler bei der Internetverbindung zu suchen. Schnell kläre ich daher auf: »Ich bin noch hier, höre und sehe dich. Ich habe meine

Kamera absichtlich ausgeschaltet, weil ich dich fragen wollte, welche Farbe mein Pullover heute hat.«

Manchmal frage ich auch nach, ob ich Schmuck trage, oder erkundige mich nach einer anderen Äußerlichkeit, die im Videotelefonat gut sichtbar wurde. In 90 Prozent der Fälle können meine Glücksreisenden meine Frage nicht korrekt beantworten. Oft folgen entschuldigende Worte und die Aussage, dass es ihnen unangenehm sei, dass sie mir nicht mehr Aufmerksamkeit geschenkt haben. Dabei haben sie mir so die Grundlage für eine wichtige Herzensbotschaft geschaffen. Denn mit diesem von der Technologie gestützten Trick verdeutliche ich meinen Glücksreisenden in Einzelsitzungen, dass andere gar nicht so sehr auf uns achten, wie wir es selbst häufig tun. Wir selbst sind oftmals unsere größten Kritiker und Kritikerinnen, und die Mehrheit der Fehler, die wir an uns sehen, fällt vielen anderen Menschen überhaupt nicht auf. Warum? Weil sie mit sich beschäftigt sind. Genauso wie deine Gedanken darum kreisen, wie du wirkst und was du tun oder besser lassen solltest, so denken auch andere an ihre Außenwirkung und ihr Handeln.

Die Wahrheit ist:
Keiner denkt so viel über uns nach wie wir selbst.

Und das ist wundervoll, denn es nimmt uns den Druck, perfekt sein zu müssen. Es schenkt uns die Kraft der Unsichtbarkeit und somit die Freiheit, auch mal locker zu lassen und Fehler zu machen. Sorge dich daher nicht so viel darüber, was andere über dich denken. Denn egal, was du tust: Es wird immer Menschen geben, die dich gut finden. Es wird immer Menschen geben, die dich nicht gut finden. Und die meisten Menschen denken überhaupt nicht über dich nach.

ES GEHT NIE UM DIE SACHE, SONDERN IMMER UM DAS GEFÜHL

Erinnerst du dich noch an meine Geschichten mit Instagram einerseits und dem Kinderbuch über Cap und Capper andererseits? Ich habe diese Geschichten hier aufgenommen, weil ich verdeutlichen wollte, dass es bei den eigenen Gefühlen keine Scham geben sollte, dass alle Emotionen ihren Raum verdient haben und dass selbst unscheinbar wirkende Erlebnisse aus der Kindheit einen großen Einfluss auf unser heutiges Leben haben können. Darüber hinaus lässt sich noch eine andere wichtige Erkenntnis aus dem Vorfall ableiten, die für deinen Weg ins Glück von großer Relevanz ist …

Früher dachte ich stets, dass auf einen Reiz direkt eine Reaktion folgt. Dies würde beispielsweise bedeuten, dass die durch eine Kollegin geäußerte Kritik unumgänglich in einem genervten Gegenangriff resultiert, der Dauerregen im Sommerurlaub dazu führt, dass man die miese Laune an seinem Partner auslässt, und eine Zugverspätung automatisch in der panischen Suche nach Ersatzverbindungen endet.

Kurzum: Diese Logik würde voraussetzen, dass der Reiz stets eine bestimmte Folge hat. Unsere Lebenserfahrung beweist uns jedoch, dass es durchaus unterschiedliche Reaktionen auf die oben beschriebenen Reize geben kann.

So gibt es Menschen, die auf Kritik eher still reagieren und sich im Nachgang bei anderen darüber aufregen. Wieder andere freuen sich über Kritik und nutzen diese als Anlass, um etwas an ihrem Verhalten zu ändern. Und schließlich gibt es Personen, bei denen Kritik in das eine Ohr rein- und schnurstracks aus dem anderen Ohr wieder rausgeht.

Im Fall eines regnerischen Urlaubstages gibt es Menschen, die sich über die Abkühlung freuen und im Regen tanzen. Andere lassen sich vom Wetter ganz und gar nicht beeindrucken.

Auch Zugverspätungen lassen manche Menschen vollkommen kalt, während sich andere lautstark beim Personal beschweren. Und manch einer freut sich vielleicht sogar darüber, weil er im Grunde gar nicht ans geplante

Reiseziel fahren will und die Verspätung als willkommenen Aufschub betrachtet.

Insofern muss dem auslösenden Reiz beziehungsweise dem Stimulus und unserer Reaktion noch ein weiteres Element zwischengeschaltet sein. Dabei handelt es sich um unsere subjektive Bewertung des Reizes.

Wenn ich auf die Kritik einer Kollegin mit einem genervten Gegenangriff reagiere, liegt es vermutlich daran, dass ich den auslösenden Reiz negativ bewertet habe. Eine negative Bewertung könnte in diesem Beispiel folgende sein: »Meine Kollegin denkt bestimmt, dass ich nicht gut genug bin und meine Aufgaben nicht vernünftig erledige.«

Die miese Laune aufgrund eines verregneten Sommerurlaubs, die man womöglich am eigenen Partner auslässt, kann an der negativen Annahme liegen, dass man *immer* Pech mit dem Wetter hat.

Und die panische Suche nach Ersatzverbindungen bei einer Zugverbindung könnte sich darauf zurückführen lassen, dass man in den eigenen Augen *immer* Opfer stressiger Umstände wird.

Diese negativen Annahmen führen zu einem weiteren Element innerhalb der beschriebenen Kettenreaktion: unseren Emotionen. Zu den Emotionen, die zu gereizten oder in einer anderen Form unvorteilhaften Reaktionen führen, können zum Beispiel verletzter Stolz, Scham, Frustration, Enttäuschung, Angst und Wut gehören.

Schließlich kann der »Emotion« und der »Reaktion« noch ein weiterer Schritt zwischengeschaltet werden, nämlich die bewusste Hinterfragung der eigenen Gedanken und Gefühle. Dieses Element ist besonders spannend, da ihm eine unfassbare Macht innewohnt.

Während Auslösereize häufig auf äußeren Umständen beruhen, die wir kaum und schon gar nicht nachträglich beeinflussen können, und während die erste Bewertung und die daran gekoppelte Emotion unserem Unterbewusstsein entspringen, haben wir an dieser Stelle die Möglichkeit, innezuhalten. Wir müssen nicht direkt zu einer Reaktion springen, die uns schadet und die wir später vielleicht sogar bereuen. Vielmehr können wir uns im Rahmen einer bewussten Hinterfragung des eigenen Denkens alternative Perspektiven überlegen, die unseren negativen Überzeugungen widersprechen, und somit besonnener reagieren. Folgende Fragen können dabei unterstützend wirken:

- Sind meine negativen Gedanken und Überzeugungen über mich selbst und die Welt überhaupt wahr?
- Gibt es tatsächlich Beweise für meine negativen Gedanken? Welche Gegenbeweise gibt es?
- Was sind andere Perspektiven, die ich einnehmen könnte, um meine Situation positiver zu betrachten?

Wie du vielleicht schon bemerkst, kommen an dieser Stelle unsere Glaubenssätze ins Spiel, unsere Persönlichkeitsanteile, die verschieden stark ausgeprägt sein können, und unsere mentale Taschenlampe, mit der wir gewisse Aspekte unseres Erlebens im Rampenlicht platzieren, während andere im Schatten liegen.

In den obigen Beispielen habe ich negative Bewertungen aufgezeigt, die in entsprechenden Emotionen und schließlich Reaktionen resultieren. Wenn wir positive Reaktionen erzielen möchten, gilt es also, an unseren Gedanken in Bezug auf das Erlebte zu arbeiten.

So kann die Kritik einer Kollegin als Versuch betrachtet werden, uns dabei zu unterstützen, uns beruflich weiterzuentwickeln und weiterzubilden. Regnerische Urlaubstage können als Möglichkeit betrachtet werden, ohne schlechtes Gewissen einfach mal zu entspannen, und die Verspätung des Zuges wird dann vielleicht einfach nicht mehr ganz so ernst genommen.

Die wissenschaftliche Grundlage für diese Erläuterungen lieferte das ABC-Modell des US-amerikanischen Psychotherapeuten Albert Ellis sowie das erweiterte ABCDE-Modell der renommierten Psychologen Michael D. Clark und Judith S. Beck. In Kombination mit einer intensiven Selbstreflexion wurde mir dadurch bewusst, dass nicht der Instagram-Algorithmus für meine Frustration im Job verantwortlich war. Verantwortlich war vielmehr meine Bewertung des Sachverhalts, die wiederum auf meine kindliche Prägung zurückging.

Ich möchte damit veranschaulichen, dass wir äußeren Reizen nicht hilflos ausgeliefert sind. Durch die Ausrichtung unserer mentalen Taschenlampe und die Arbeit mit unseren inneren Anteilen bestimmen wir vielmehr selbst, wie wir mit ihnen umgehen. Das Wundervolle daran ist, dass wir dadurch das Ruder auf dem Schiff unseres Lebens selbst in die Hand nehmen.

So können wir es zwar nicht ändern, wenn andere über uns lästern oder uns schlecht behandeln. Aber wir können ändern, wie wir damit umgehen, wie viel Macht wir diesen Menschen über uns geben und von wem wir uns abgrenzen.

Auch können wir nichts daran ändern, dass wir schon wieder im Stau stehen oder dass unser Zug Verspätung hat. Aber wir können entscheiden, welche Musik wir dabei hören oder welches Buch wir lesen, um uns unsere Wartezeit zu versüßen.

Wir können es nicht ändern, wenn unsere Chefin uns trotz größter Bemühungen nicht zu schätzen weiß. Doch wir können bestimmen, wie stolz wir auf uns selbst sind. Und wir können uns einen neuen Job suchen, wenn wir das wollen.

Wir haben keinen Einfluss auf das Wetter und können es nicht ändern, wenn es in unserem langersehnten Sommerurlaub jeden Tag regnet. Aber wir können lernen, anders damit umzugehen, und uns dazu entscheiden, im Regen zu tanzen.

Wie verbohrt manche Menschen sind und wie sehr sie auf ihrer Meinung beharren, liegt nicht in unserer Hand. Aber wir können beeinflussen, wie aufgeschlossen und weltoffen wir sind, und als gutes Vorbild vorangehen.

Die meisten von uns können es nicht beeinflussen, ob ein Land einem anderen den Krieg erklärt und für unsägliches Leid sorgt. Aber jeder Einzelne von uns kann entscheiden, wie viel Liebe er in die Welt hinausträgt und wem er in finanzieller oder ideeller Hinsicht hilft.

Wir können es nicht ändern, wenn andere uns grundlos verurteilen und uns in Schubladen stecken. Aber wir können entscheiden, mit wie viel Mut und Stärke wir für uns und die Menschen, die wir lieben, losgehen.

Oder wie Clueso, einer meiner Lieblingssänger, in seinem Song *Neuanfang* singt: »Ich kann den Wind nicht ändern – nur die Segel drehen.«

Wenn es das nächste Mal stürmisch wird, müssen wir der Gewitterwolke nicht entgegenfahren. Wir können unsere Segel neu ausrichten und unseren Blick dahin wenden, wo es uns besser gefällt.

Das bedeutet nicht, dass wir vor Problemen weglaufen oder die Augen verschließen und hoffen, dass sie uns nicht finden. Es bedeutet, dass wir uns das Leben nicht unnötig schwer machen müssen und uns aktiv für den Weg der Freude entscheiden dürfen.

UNSERE SPRACHE IST KRAFTVOLL

An verschiedenen Stellen in diesem Buch ist sie schon durchgeblitzt: die Bedeutung, die ich unserer Sprache attestiere.

Im Abschnitt über Lebensziele sprach ich Negationen an und weshalb es wichtig ist, Ziele positiv zu formulieren. Zu sagen, dass man »sich weniger gestresst fühlen möchte«, macht das Ziel weniger attraktiv, als wenn man es anstrebt, »sich entspannt und ausgeglichen zu fühlen«. Unser Gehirn versteht Verneinungen nicht und lenkt seine Aufmerksamkeit im ersten Fall auf das Wort »gestresst«, im zweiten auf die Wörter »entspannt« und »ausgeglichen«. Dass Letzteres erstrebenswerter ist, erklärt sich von selbst.

Auch in anderen Zusammenhängen ist unsere Sprache maßgeblich für unsere Lebensentscheidungen, die Ziele, die wir uns setzen, die Offenheit, mit denen wir anderen Menschen begegnen, und das Ausmaß an Freude, Gelassenheit und Positivität, mit dem wir durch unser Leben gehen. Aus diesem Grund möchte ich gemeinsam mit dir einen genaueren Blick auf die Kraft unserer Sprache werfen.

1. Sprichwörter und explizite Glaubenssätze

Erinnerst du dich noch an den Abschnitt über Glaubenssätze und wie sie entstehen? Darin nannte ich das Beispiel einer Mutter, die stets mit Putzen und Aufräumen beschäftigt ist und sich keine Pause gönnt, bevor alles blitzblank ist. Ein solches Verhalten wiederholt als junges Kind von einer der engsten Bezugspersonen zu beobachten kann den Grundstein für Glaubenssätze wie »Ich darf mich erst ausruhen, wenn alles erledigt ist« oder »Ich bin nur wertvoll, wenn ich etwas leiste« legen. Derartige Grundannahmen über sich selbst beruhen in diesem Fall auf der Interpretation eines beobachteten Verhaltens. Die Glaubenssätze wurden implizit vermittelt.

In anderen Fällen können Glaubenssätze auch explizit vermittelt werden, indem sie konkret ausgesprochen werden. Wenn eine Mutter ihr Kind nach einem anstrengenden Schultag dazu verpflichtet, direkt die Hausaufgaben zu erledigen, und ihren Wunsch durch eine Floskel wie »Erst die Arbeit, dann das Vergnügen« unterstreicht, kann sich ebendieser Satz in das Unterbewusstsein des Kindes einbrennen und es ein Leben lang begleiten. Das als wahr verinnerlichte Sprichwort kann dazu führen, dass sich das Kind als Erwachsener stets getrieben fühlt, nur schwer abschalten kann und die Arbeit über das eigene Wohlergehen stellt. Sprichwörter nicht zu hinterfragen, sondern unbedacht rauszuhauen, wenn sie gerade zu passen scheinen, kann daher schwerwiegende Konsequenzen mit sich bringen.

Eng verwandt mit dem Sprichwort »Erst die Arbeit, dann das Vergnügen« ist »Was du heute kannst besorgen, das verschiebe nicht auf morgen«.

Grundsätzlich bin ich ein großer Fan davon, unangenehme Aufgaben nicht lange vor mir herzuschieben, wenn sie ohnehin irgendwann erledigt werden müssen. Oft beschäftigen sie mich ansonsten unnötig stark und nehmen mehr von meiner geistigen Kapazität in Anspruch, als ich ihnen zugestehen möchte. Mir selbst zuliebe erledige ich sie gerne zügig und fühle mich dadurch innerlich ruhiger und aufgeräumt. Ein bisschen lässt sich dieses Vorgehen mit einem Pflaster vergleichen, das mit einem Ruck entfernt wird.

Nichtsdestotrotz finde ich den verallgemeinernden Charakter dieses Sprichworts nicht gut. Zum einen ist nicht jeder Tag wie der andere. Während wir an manchen Tagen vor Energie sprühen und unseren Verpflichtungen mit links nachkommen, gibt es andere Tage, an denen wir uns kraftlos fühlen und alles deutlich länger dauert. Zu erkennen, wenn wir ein Bedürfnis nach Ruhe und Erholung haben, und dieses zu befriedigen, um am nächsten Tag unsere Aufgaben mit mehr Elan und dazu noch deutlich schneller zu erledigen, ist in meinen Augen der bessere Weg, als Sachen auf Biegen oder Brechen abhaken zu wollen.

Zum einen gleicht das Leben keinem Sprint, und es ist wichtig, dass wir langfristig gesund und im Gleichgewicht bleiben. To-dos auch mal aufzuschieben, um sich eine Pause zu gönnen, kann daher eine smarte Entscheidung sein. Zum anderen habe ich schon oft die Erfahrung gemacht, dass ich, wenn ich mich erschöpft und lustlos fühle, Aufgaben nicht mit der Liebe und Hingabe erledige, die ich ihnen in anderen Situationen zuteilwerden lasse. Manchen Verpflichtungen lieber morgen als heute nachzukommen kann somit zusätzlich zu einer verbesserten Gesundheit und mehr innerer Ruhe auch einen positiven Effekt auf die Qualität unserer Leistung haben.

Schließlich geht es im Leben nicht darum, wer am meisten leistet, sondern darum, es auch wirklich zu *leben*.

Der gegenwärtige Moment, in dem du dieses Buch liest, ist dein Leben. Dein Leben findet hier und jetzt statt. Stresse dich nicht mit endlosen To-do-Listen, sondern nimm dir einen Augenblick, um zu sein. Es ist das *Sein*, auf das es wirklich ankommt.

Ein weiteres Paradebeispiel für Sprichwörter, die es zu hinterfragen gilt, ist »Eigenlob stinkt«.

Ich möchte niemanden dazu ermutigen, nach dem Lesen dieses Buches mit dem Prahlen anzufangen und sich selbst auf ein Podest zu stellen. Arroganz und ein aufgeblasenes Verhalten empfinde bestimmt nicht nur ich als unangenehm.

Doch sich ab und zu auf die Schulter zu klopfen und stolz auf das zu sein, was man schon erreicht hat, ist in meinen Augen nicht nur eine tolle, sondern auch eine extrem wichtige Angelegenheit. Sich selbst wertzuschätzen und anzuerkennen, was man gut kann, sind relevante Bestandteile eines Lebens, das sowohl von Selbstliebe als auch von Dankbarkeit geprägt ist. Insofern hat Eigenlob durchaus einen maßgeblichen Einfluss auf unser Lebensglück.

Eine besonders furchtbare Kategorie schädlicher Sprichwörter stellen jene dar, die es uns verbieten, Gefühle wie Angst oder Traurigkeit auszudrücken. Dazu gehören »Große Jungen weinen nicht«, »Nur die Harten kommen in den Garten« und »Was uns nicht umbringt, macht uns nur stärker«.

Die erste Aussage ist eine, mit der auch mein Glücksreisender Viktor von seinem Vater konfrontiert wurde. Im besagten Fallbeispiel habe ich unterstrichen, dass jeder und jede Einzelne von uns sämtliche Gefühle zum Ausdruck bringen darf – unabhängig vom Alter, vom Geschlecht, von der Herkunft oder anderen demografischen Charakteristika.

Was passieren kann, wenn wir Gefühle unterdrücken wollen, möchte ich anhand einer Analogie verdeutlichen. Stelle dir hierfür vor, du wärst in einem Schwimmbad. Ein Wasserball kommt zu dir getrieben. Du schnappst ihn dir und drückst ihn unter Wasser, damit ihn keiner sieht. Eine Zeit lang klappt das ganz gut, aber nach einer Weile stört es dich, dass du deine Hände nicht für andere Aktivitäten frei hast. Du kannst nicht schwimmen oder mit anderen spielen, weil du permanent diesen Ball nach unten drückst. Irgendwann wird die Aufgabe nicht nur einschränkend und nervig, sondern auch anstrengend und kräftezehrend. Deine Arme beginnen zu zittern, und den Ball unten zu behalten wird immer herausfordernder.

Schließlich flutscht er aus deinen Händen, springt aus dem Wasser und hoch in die Luft und spritzt alle in deiner Umgebung pitschnass.

Der Wasserball versinnbildlicht als negativ empfundene Emotionen, die wir mit aller Kraft vor anderen verbergen wollen. Das funktioniert jedoch nur eine gewisse Zeit, und die große Explosion, die folgt, kann für die Betroffenen aufgrund ihrer Offensichtlichkeit peinlich und unangenehm sein. Besser ist es, wenn wir den Ball beobachten, akzeptieren, dass er da ist, und ihm den Raum geben, vorüberzutreiben.

Eine andere Analogie, die ich auch gerne in Sitzungen mit meinen Glücksreisenden vermittle, wenn ich den Eindruck habe, dass es meinem Gegenüber schwerfällt, Gefühle zuzulassen, ist die des Luftballons. Wenn ein Ballon so stark mit Luft gefüllt ist, dass seine Hülle bereits ganz dünn und durchsichtig ist, braucht er nur einen kleinen Pikser und schon platzt er mit einem lauten Knall. Im echten Leben kann dieser Pikser aus einem verpassten Zug, einem heruntergefallenen Teller, einem sarkastischen Spruch eines Kollegen oder dem kritischen Blick eines Elternteils bestehen und schon gehen wir hoch wie eine Bombe. Was wir in solchen Fällen schnell vergessen können, ist, dass es nicht der gerade wahrgenommene Reiz ist, der uns zur Weißglut treibt, sondern unsere Bewertung des Reizes und das Überkochen von Emotionen, die wir allzu lange im Zaum gehalten haben. Besser ist es, wenn wir für den Ballon und somit unsere Gefühle ein Ventil finden, durch das die Luft langsam entweichen kann. Dieses Ventil kann zum Beispiel Yoga, Sport und Meditation sein, aber auch darin bestehen, mit anderen Menschen darüber zu sprechen. Ich möchte dich dazu ermutigen, deine Gefühle nicht zu unterdrücken, sondern sie gegenüber deinen Mitmenschen (wohldosiert) zum Ausdruck zu bringen. Dann bleibt die große Explosion aus, und wir ermöglichen es uns, ein Leben im Gleichgewicht zu kreieren.

Falls du es direkt mal mit einer Meditation probieren möchtest, findest du eine passende auf meiner Website. Scanne hierzu einfach den QR-Code ein und wähle »Meditation 3« aus. Sie hilft dir, dich und deine Gefühle anzunehmen sowie Ruhe, Gelassenheit und Selbstliebe in dein Leben einzuladen.

Doch wenn wir gängigen Sprichwörtern Glauben schenken würden, müssten wir nicht nur Emotionen wie Traurigkeit oder Angst unterdrücken, sondern auch Freude und Zufriedenheit. Aussagen wie »Am vielen Lachen erkennt man den Narren« und »Nach Lachen kommt Weinen« sind echte Glückskiller und wollen dafür sorgen, dass es uns bloß nicht zu gut geht. Wo kämen wir auch hin, wenn auf einmal alle Freude versprühen und ihrer Glückseligkeit Ausdruck verleihen würden? Diese Sprichwörter wollen uns zum Lachen in den Keller schicken und da mache ich nicht mit. Ähnlich verhält es sich übrigens mit »Du sollst den Tag nicht vor dem Abend loben« – den Antagonisten zum positiven Denken, den wir getrost aus unserem Sprachgebrauch streichen dürfen.

Darüber hinaus bin ich davon überzeugt, dass wir nicht leiden müssen, um schön zu sein. Dieses Sprichwort stellt für mich ein absurdes Überbleibsel aus einer Zeit dar, in der es die einzige Aufgabe der Frau war, den Mann glücklich zu machen und dabei stets entzückend auszusehen. Lieber ist mir da die Floskel, dass wahre Schönheit von innen kommt.

Die Liste an Sprichwörtern, die wir hinterfragen dürfen, ließe sich noch lange fortführen und könnte durch Redewendungen wie »Reden ist Silber, Schweigen ist Gold«, »Der Klügere gibt nach«, »Morgenstund hat Gold im Mund« und »Was Hänschen nicht lernt, lernt Hans nimmermehr« ergänzt werden. Doch ich glaube, anhand der oben aufgeführten Beispiele wird bereits deutlich, dass Floskeln, die in unserer Welt kursieren und von Eltern, Lehrerinnen, Erziehern und anderen Bezugspersonen von Kindern und Jugendlichen unbedacht verwendet werden, einen massiven Einfluss auf die Bildung von limitierenden Glaubenssätzen haben. Ich lade dich dazu ein, darüber zu reflektieren, welche Sprichwörter dich geprägt haben, und diese kritisch zu hinterfragen, um etwaige negative Glaubenssätze für dich aufzulösen. Reflektiere außerdem darüber, welche Sprichwörter du selbst im Umgang mit anderen Menschen verwendest, um die transgenerationale Übertragung limitierender Glaubenssätze zu unterbrechen und nachfolgenden Generationen einen bewussteren Umgang mit unserer Sprache beizubringen.

2. Wörter bewusster einsetzen

»Wenn du glaubst, du seist zu klein, um etwas zu verändern, dann versuche doch mal zu schlafen, wenn eine Mücke im Zimmer ist«, soll Tenzin Gyatso, der 14. Dalai Lama, gesagt haben. Eine zuverlässige Quelle konnte ich hierfür nicht entdecken, doch ermutigend ist der Spruch ungeachtet seines Ursprungs in jedem Fall. Er verdeutlicht, dass jeder Einzelne von uns wichtig ist und Großes erreichen kann, auch wenn wir uns manchmal klein und wenig bedeutend fühlen. In anderen Worten könnte man auch sagen: Selbst kleine Dinge können große Auswirkungen bringen. Diese Auswirkungen können positiver Natur sein, sie können allerdings auch negativer Natur sein.

So existieren neben vollständigen Sprichwörtern und ganzen Phrasen, die unseren Weg ins Glück blockieren, auch einzelne Begriffe, die ähnlich wie Mücken unscheinbar wirken, jedoch einen erheblichen Einfluss auf unser Denken und unseren Blick auf die Welt haben.

Einige dieser Wörter haben wir uns bereits näher angeschaut, so zum Beispiel »eigentlich« oder die absoluten Begriffe »immer«, »nie«, »alle« und »keiner«. Vermutlich kannst du dich an den Abschnitt über Glaubenssätze erinnern und die Anzeichen, anhand derer du tief verankerte Überzeugungen dingfest machen kannst. Meiner Meinung nach lässt sich nicht oft genug betonen, wie vorsichtig wir diese Wörter einsetzen sollten – uns selbst und anderen zuliebe. Denn wir können uns nicht nur rasch selbst die Laune vermiesen, wenn wir uns einreden, dass »nur uns *immer* so etwas Blödes passiert«. Wir können auch die Harmonie in unseren Beziehungen aufs Spiel setzen, wenn wir Aussagen wie die folgenden tätigen:

- »*Nie* hast du Zeit für mich.«
- »*Immer* machst du alles für die anderen, aber wenn ich mal was will, bist du nicht für mich da.«
- »*Keiner* versteht mich.«

Ein anderes Wort, das viele von uns inflationär häufig verwenden, ist »aber«. Dieser Begriff besitzt die unsympathische Eigenschaft, vorherige Äußerungen zu degradieren und sich selbst auf eine höhere Stufe zu setzen. Wenn ich dir in einer Diskussion bei einem Argumentationspunkt recht gebe, *aber* ein Gegenargument anbringe, gebe ich dir nicht wirklich recht, sondern erwecke bloß den Anschein eines Gespräches auf Augenhöhe, um im Anschluss meine Meinung durchzupressen. Vor der Wirkung, die wir mit diesem Wörtchen bei anderen erzielen, sind wir auch selbst nicht gefeit. Wenn wir uns zum Beispiel denken, dass es uns *eigentlich* gut gehen müsste, *aber* unser Chef ein Narzisst ist und uns unsere Aufgaben im Job ausbrennen lassen, werten wir all die Punkte ab, die in der Tat blendend laufen, und richten unsere mentale Taschenlampe einzig und allein auf unsere aktuellen Probleme.

Was dagegen helfen kann, ist, das Wort »aber« durch »gleichzeitig« auszutauschen. Dadurch erkennen wir an, dass nicht alles Friede, Freude, Eierkuchen ist, und verfallen nicht in toxische Positivität. *Gleichzeitig* sind wir uns in Gesprächen mit anderen darüber im Klaren, dass unsere Ansicht nur eine von vielen ist, und reduzieren somit das Konfliktpotenzial. Im Umgang mit uns selbst betrachten wir unser Leben durch die bewusste Wortwahl reflektierter und nuancierter und leuchten mit unserer mentalen Taschenlampe auch positive Dinge aus.

Schließlich plädiere ich dafür, das Wortpaar »entweder – oder« durch »sowohl – als auch« zu ersetzen. Für meinen Geschmack denken wir allzu oft in Extremen und berauben uns dadurch einer Vielzahl an Möglichkeiten. Wir denken, dass wir *entweder* Karriere machen *oder* ein gutes Elternteil sein können. Wir denken, dass wir *entweder* als Backpacker die Welt bereisen *oder* eine erfüllte Beziehung führen können. Vielleicht denken wir sogar, dass wir *entweder* viel Geld verdienen *oder* unser Glück frei von materiellem Konsum erschaffen können. Warum ständig dieses Schwarz-Weiß? Warum berauben wir uns so vieler Chancen auf Glück und ein Leben im Gleichgewicht?

Die Alternative und Lösung ist, dass wir anerkennen, dass beides geht: Karriere *und* Familie, Backpacking *und* eine erfüllte Beziehung, Geld verdienen *und* das Lebensglück im Innen finden. Die Frage lautet dann nicht mehr, *ob* etwas geht, sondern *wie* es funktionieren kann.

Einige fortschrittliche Unternehmen machen dies vor, indem es für Mütter geteilte Führungspositionen gibt. Der Vorteil für die Frauen ist, dass sie aufgrund einer Teilzeitstelle genügend Zeit und Kraft für ihre Kinder haben und gleichzeitig eine anspruchsvolle Position füllen und ihre Karriere vorantreiben können. Als Bonus finden sie in ihrem beruflichen Gegenpart einen Sparringspartner, mit dem sie sich austauschen und beraten können, um knifflige Situationen zu meistern und die für das Unternehmen besten Entscheidungen zu treffen. Auch die Vorteile für das Unternehmen liegen auf der Hand: Sollte eine Person aus einem derartigen Zweiergespann aufgrund einer Erkrankung oder wegen anderer Ursachen ausfallen, ist die Stelle nicht unbesetzt. Dies reduziert im Unternehmen die Risiken eines Personalausfalls und sorgt für mehr Stabilität. Für mich ist dies ein Paradebeispiel eines gelebten Sowohl-als-auch.

3. Begriffe, die einen neuen Horizont eröffnen

»Die Grenzen meiner Sprache bedeuten die Grenzen meiner Welt« – mit dieser Aussage verdeutlichte der Philosoph Ludwig Wittgenstein, welche außerordentliche Kraft unserer Sprache innewohnt, wie stark sie unser Denken beeinflusst und inwieweit das Wissen und Nichtwissen spezieller Vokabeln den Horizont unserer Vorstellungskraft prägt.

Ich unterstütze diese These und bin davon überzeugt: Während wir einige Wörter auf unsere interne Blacklist setzen dürfen, gibt es wiederum andere, die sich nicht in unserer Sprache finden, jedoch eine wundervolle Ergänzung darstellen würden.

Eines davon ist »Ikigai«, ein Begriff, den wir bereits im Kontext der Fragebögen hatten. Ich lernte ihn während meines Auslandsstudiums in Japan kennen und war so von ihm angetan, dass ich ihm direkt eine meiner ersten Folgen in meinem Podcast »Glücklichsein« widmete. Frei übersetzt bedeutet »Ikigai« so viel wie »das, wofür es sich zu leben lohnt«. Dahinter verbirgt sich ein kraftvolles Konzept, das uns dabei unterstützen kann, unseren individuellen Lebenssinn zu finden.

Allein schon durch die Existenz dieses Begriffs erhalten wir die Möglichkeit, über den Tellerrand unserer Sprache hinauszuschauen und zu überlegen: Wofür lebe ich? Was schenkt meinem Leben Sinn? Dadurch steigen wir für einen Augenblick aus dem Hamsterrad unseres Alltags aus und reflektieren darüber, wie wir unser Leben aktuell gestalten und zukünftig ausrichten wollen. Wir treffen eine bewusste Entscheidung darüber, welche Weichen wir für unsere Zukunft stellen. Und wir lassen das Wasser des Lebens nicht an uns vorbeiplätschern.

Wir selbst bestimmen über die Richtung und Stärke unseres Lebensstroms.

Ein weiteres wundervolles Wort aus dem Land der Kirschblüte ist »Kintsugi«. Dabei handelt es sich um eine traditionelle japanische Reparaturmethode für Keramik, bei der die Scherben zerbrochener Gefäße mit speziellen Lacken und Kittmassen wieder zusammengesetzt werden. Das Besondere daran ist, dass diesen Reparaturmaterialien feinstes Pulvergold beigegeben wird. So werden die Bruchlinien nicht versteckt, sondern bewusst hervorgehoben. Es entstehen Kunstwerke, die nicht vorgaukeln, dass sie noch nie zerbrochen sind, sondern die voller Schönheit und Glanz zeigen: »Ich bin zerbrochen und nun bin ich wieder ganz.«

Ist es nicht auch in unserem Leben so? Fühlt es sich nicht bisweilen an, als würden wir zerbrechen, weil manche Erlebnisse und Erfahrungen so schmerzhaft sind, dass wir ihnen kaum standhalten können?

Vielleicht hattest auch du schon mal das Gefühl, dass dein Leben ein Scherbenhaufen ist. Oder es kam dir so vor, als seist du nicht vollständig. Als wäre ein Teil aus dir herausgebrochen und würde nun fehlen.

Falls das so ist, möchte ich dich dazu ermutigen, nicht so zu tun, als ob nichts gewesen wäre. Du musst deinen Schmerz, deinen Kummer und deine Verletztheit nicht verstecken. Folge lieber dem Kintsugi-Prinzip und erkenne an, dass du dich nicht für deine Wunden schämen musst. Du musst auch nicht so tun, als wärst du unverwundbar – denn das ist keiner. Lass uns lieber Heilung finden, indem wir unsere Wunden nicht nur akzeptieren, sondern indem wir uns dafür umso mehr lieben und anerkennen, wie einzigartig sie sind.

Es ist okay, wenn wir zerbrechen.
Doch wenn wir uns wieder zusammensetzen, dann mit Gold.

4. Warum so viel Fokus auf unsere Sprache?

Durch unterschiedliche Vokabeln und grammatikalische Regeln schaffen die verschiedenen Sprachen es, unterschiedliche Aspekte der Welt hervorzuheben oder zu verdecken. Gewissermaßen fungieren Sprachen somit wie unsere mentalen Taschenlampen, nur in einem breiteren, umfassenderen Kontext.

Seitdem ich bewusst auf meine Wortwahl achte, habe ich positive Veränderungen bei mir und in meinem Umfeld beobachtet. Indem ich meine mit dir geteilten Tipps in meinen eigenen Gedanken anwende und mit mir selbst in einer affirmativen Art und Weise spreche, habe ich mehr Freude und Dankbarkeit in mein Leben eingeladen. Es fällt mir dadurch bedeutend leichter, schöne Momente zu erkennen und zu genießen und mir in schlechten Momenten gut zuzureden. In meinem Privatleben konnte ich durch eine achtsame Kommunikation bestehende Konflikte klären, das

Potenzial neuer Konflikte reduzieren und allgemein mehr Harmonie kreieren. Und in meinem Berufsleben gelingt es mir – so das Feedback meiner Glücksreisenden –, empathisch auf mein Gegenüber einzugehen, Verständnis auszudrücken und gleichzeitig Veränderungen und Wachstum anzuregen. Sicherlich spielen dabei auch andere Faktoren eine wichtige Rolle, doch die Sprache gehört definitiv dazu.

Aus diesen Gründen lade ich dich dazu ein, deinen Fokus auf die sprachliche Beschaffenheit deiner Gedanken und deiner Kommunikation mit anderen zu lenken. Das Schlimmste, was passieren kann, ist, dass du keinen besonderen Effekt wahrnimmst. Doch stell dir mal all die Möglichkeiten vor, wenn es klappt. Ist das nicht wunderbar?

FRAGEN WOHNT MAGIE INNE

Zur Kraft der Sprache gehört auch die Kraft der Fragen, und davon gab es in diesem Buch einige. Dies spiegelt meine Arbeitsweise als Coachin wider: Ich bin davon überzeugt, dass jeder Mensch der Experte beziehungsweise die Expertin für die eigene Lösung ist. Deshalb möchte ich keine vorgefertigten Antworten über dich stülpen.

Der Schlüssel der Veränderung, des Wachstums und des Lebensglücks liegt in den richtigen Fragen.

Aus diesem Grund dürfen wir alle mit einem neugierigen Geist und einem offenen Herzen durch unser Leben gehen. Suche nicht nur nach Antworten, sondern nach Fragen. Lass uns niemals aufhören, sie zu stellen. Neben den vielen Fragen, mit denen ich dich bereits – aus den besten Intentionen heraus – gelöchert habe, folgt nun noch eine letzte Reihe von Fragen, die es wirklich in sich haben und die dich über das Lesen dieses Buches hinaus auf deinem Weg ins Glück begleiten werden.

Sie unterstützen dich darin, dich selbst, deine Gedanken, Gefühle und Handlungen noch besser zu verstehen. Auch können die folgenden elf Fragen dir dabei helfen, eine klare Vision zu entwickeln, dein Leben bewusster und zielgerichteter zu gestalten und dein volles Glückspotenzial abzurufen.

11 Fragen für dein Glück

1. Wann habe ich mich das letzte Mal vollkommen frei und gleichzeitig mit mir und der Welt verbunden gefühlt, und wie kann ich dieses Gefühl heute wieder aktivieren?

2. Welche Menschen, Orte und Aktivitäten erfüllen mich mit Leichtigkeit, Positivität und Freude?

3. Welche Bedeutung hat mein Tun und welchen Sinn erkenne ich in meinem Handeln für mich selbst, mein Umfeld und die Welt?

4. Welche Art von Mensch möchte ich sein und welches Leben will ich führen?

5. Wer wäre ich, wenn ich mich von negativen Glaubenssätzen und schädlichen Prägungen befreien würde, und welche neuen Türen würden sich dadurch für mich öffnen?

6. Welche Träume möchte ich noch verwirklichen, und was kann ich schon heute tun, um meiner Vision einen Schritt näher zu kommen?

7. Welchen meiner Stärken darf ich noch mehr Beachtung schenken und wie kann ich diese noch gezielter in meinem Leben einsetzen?

8. An welchen meiner Lebensbereiche möchte ich weiterhin arbeiten und wie möchte ich in Zukunft wachsen und mich entwickeln?

9. Worauf richte ich meinen Fokus und in welche Projekte und Themen lasse ich meine Energie fließen?

10. Wie kann ich mich im Alltag an die Schönheit des Lebens erinnern und regelmäßig Dankbarkeit praktizieren?

11. Was bedeutet »Glück« für mich?

FÜR UNSER GLÜCK BRAUCHT ES EIN STARKES FUNDAMENT

Zum Abschluss dieses Buches möchte ich noch eine letzte persönliche Geschichte mit dir teilen …

Ich bin ein großer Fan von Harry Potter. Als ich jünger war (na ja, nur ein bisschen jünger als jetzt), habe ich vergeblich auf den Brief aus Hogwarts gewartet, der mir eröffnete, dass ich schon bald meine Lehrjahre an der Schule für Hexerei und Zauberei beginnen würde. Irgendwann gab ich die Hoffnung auf und tröstete mich mit dem Besuch von Hogwarts in den Universal Studios in Osaka, Japan. Ein weiteres tolles Erlebnis für ein Fangirl wie mich war es, das Theaterstück *Harry Potter und das verwunschene Kind* in Hamburg zu sehen. Schließlich wurde mir Hogwarts sogar zum Nachbauen in Lego geschenkt.

Gerade im deutschen Winter stellt Lego für mich eine attraktive Freizeitbeschäftigung dar, weil es mich – ähnlich wie das Puzzeln – wunderbar abschalten lässt. Der Fokus auf das Zusammenfügen dieser Teilchen versetzt mich in einen Flow-Zustand, in dem ich nicht das Bedürfnis habe, auf die Uhr zu gucken oder in meinem Kopf To-dos zu wälzen. Ich bin beim Bauen ganz präsent und sorge durch meine Fokussiertheit für eine aktive Entspannung.

Hogwarts in Lego nachzubauen stellte mich jedoch vor eine neue Herausforderung. Noch nie hatte ich ein solch kleinteiliges Set in den Händen gehalten, und allein das Fundament zu bauen hat gefühlt eine halbe Ewigkeit gedauert. Bei Lego kann ich meine ansonsten stark ausgeprägte Ungeduld normalerweise gut beiseitelegen. Allerdings habe ich mich zwischendurch schon gefragt, ob es diesen komplizierten Innenbau brauchte, wenn schließlich sowieso alles von außen verkleidet wird und man die komplexen Verstrebungen gar nicht sehen kann. Als ich das zu einem Viertel fertiggestellte Schloss aus Platzgründen an eine andere Stelle transportieren musste, wurde mir klar, weshalb sich der Aufwand gelohnt hat: Die Zauberschule war extrem stabil. Anders als einige meiner Lego-Sets, die ich zuvor zusammengebaut hatte und die beim Anheben ins Wanken gerieten, glich dieses Set der Festung, die es darstellte. Was mich bis dahin an meinem Freizeitprojekt entzückte, waren die hübschen Verzierungen und Details an der Außenfassade und in den Räumlichkeiten. Nun wusste ich die Grundlage zu schätzen, die all diese Schönheit erst möglich machte.

Mit unserem Lebensglück verhält es sich ähnlich. Auch hier besteht das Risiko, dass wir die Fassade schick dekorieren wollen, doch dabei das Fundament vergessen.

Die Konzentration auf die Außenfassade führt bei manchen Menschen zu einem übersteigerten Konsumverhalten. Sie versuchen, sich glücklich zu kaufen, und legen sich ständig neue Kleidungsstücke, Technikgeräte oder andere materielle Güter zu, die sie streng genommen nicht brauchen. Für andere zählt bei einer gelungenen Fassade ihr Beziehungsstatus. Vergeben zu sein wird nicht von wenigen für die Krone der Glückseligkeit gehalten.

Wiederum andere setzen auf eine erfolgreiche Karriere und gute Finanzen, um sich ihrem Ziel eines erfüllten Lebens zu nähern.

Schöne Kleidung, eine funktionierende Beziehung und Erfolg im Job können wunderbare Verzierungen darstellen, doch sie werden niemals ein Fundament aus Selbstliebe, Dankbarkeit und einer vorteilhaft ausgerichteten mentalen Taschenlampe ersetzen.

Glücklicherweise hast du mit diesem Buch begonnen, dir ein stabiles Fundament für dein Lebensglück zu schaffen. Indem du dich von deinem Status quo zu deinem Wunschleben vorgearbeitet hast, hast du einen roten Faden für deine Reise entwickelt. Durch die intensive Beschäftigung mit deinen Prägungen und Glaubenssätzen hast du alte Wunden geheilt, deinen Blick für dich und die Welt geschärft und gleichzeitig deine Selbstliebe gestärkt. Durch die Übungen und Reflexionsfragen zu deinem Drehbuch, deiner mentalen Taschenlampe und deinen Persönlichkeitsanteilen hast du die Grundlagen für positives Denken erlernt und erfahren, wie du deine Ziele voller Motivation und Freude verfolgst. Schließlich wurde dein Methodenkoffer durch die hier beschriebenen Techniken und Tipps zur Manifestation deines Wunschlebens und zum Ausschöpfen deines Glückspotenzials zusätzlich gefüllt.

Du wirst kein Luftschloss auf Sand erbauen.
Dein Fundament für ein glückliches Leben ist das einer Festung:
stabil, stark und bereit für Großes.

Die Grundmauern sind errichtet und du darfst dich nun ruhigen Gewissens den Verzierungen widmen. Vergiss dabei jedoch nicht, dass auch ein starkes Fundament regelmäßig gepflegt und instand gehalten werden sollte. Und erinnere dich bei deinen weiteren Vorhaben stets daran, dass du ganz und gar einzigartig bist und dein Leben in einer Form gestalten darfst, die sich für dich stimmig anfühlt. Du entscheidest darüber, welcher Weg für dich der passende ist, welche Aktivitäten deinen Bedürfnissen entsprechen, welche Menschen zu deinen Werten passen und welche Träume du dir erfüllen willst. Dein Schloss wird niemals dem eines anderen gleichen und das ist gut so. Denn mit dem Grundgerüst, das du dir erarbeitet hast, stehen dir alle Türen offen, um das Leben zu erschaffen, das dich von Herzen mit Freude, Glück und Leichtigkeit erfüllt und tatsächlich deinem individuellen Sein entspricht.

DU BIST DAS BESTE, WAS DIR JE PASSIERT IST

Es gibt so vieles, was ich gerne noch mit dir teilen und dir für deinen Weg ins Glück mitgeben würde. Doch letztendlich läuft alles auf eines hinaus: dass du erkennst, wie wertvoll und wichtig du bist. Ich wünsche mir, dass du dir darüber bewusst wirst, wie wichtig dein Glück ist, denn nur wenn du glücklich bist, kannst du auch andere glücklich machen, deine Welt wie eine Sonne in warmes, helles Licht tauchen, Freude verschenken und deinen wahrhaftigen Sinn finden und erfüllen.

Du bist wahrlich das Beste, was dir je passiert ist.

Und damit diese Aussage wie ein Mantra in dein Unterbewusstsein fließen und jede Zelle deines Körpers mit positiver Energie erfüllen kann, gebe ich dir noch ein paar Gründe mit, warum sie tatsächlich stimmt.

Du bist das Beste, was dir je passiert ist, weil …

- Du bist das Beste, was dir je passiert ist, weil du der einzige Mensch bist, der immer an deiner Seite ist. Vom ersten bis zum letzten Atemzug begleitest du dich durch jedes Hoch und jedes Tief.
- Du bist das Beste, was dir je passiert ist, weil du schon so oft hingefallen und jedes Mal wieder aufgestanden bist. In dir schlummern so viel Stärke, so viel Kraft und so viel Mut.
- Du bist das Beste, was dir je passiert ist, weil es dein Herz ist, das aufgeregt für dich pocht, wenn du verliebt bist, und das dich im sanften Rhythmus durch die großen und kleinen Herausforderungen deines Alltags begleitet.
- Du bist das Beste, was dir je passiert ist, weil es deine Lungen sind, die deinen Körper mit Sauerstoff versorgen und sicherstellen, dass dir nie die Luft wegbleibt.
- Du bist das Beste, was dir je passiert ist, weil nur du die Welt so siehst, hörst, riechst, schmeckst und fühlst, wie du es tust. Du nimmst die Welt durch deine einzigartige Brille wahr, und daher verstehst du dich selbst auch besser, als jeder andere Mensch es jemals könnte.
- Du bist das Beste, was dir je passiert ist, weil nur du deine tiefsten Bedürfnisse kennst. So bist du auch der einzige Mensch in deinem Leben, der sie kommunizieren und befriedigen kann. Niemand kann diese Aufgabe für dich erledigen, jedenfalls könnte es niemand so gut wie du.
- Du bist das Beste, was dir je passiert ist, weil nur du all deine Ängste und Zweifel, deine Wünsche und Träume, deine Ziele und Sehnsüchte kennst. So bist du auch der einzige Mensch auf diesem Planeten, der das unvergleichliche und außergewöhnliche Leben leben kann, das du das deine nennst.

Du bist das Beste, was dir je passiert ist. Vergiss das nie.

DANKSAGUNG

Ein großes Danke an die kleine Vanessa. Du hattest es nicht immer leicht, aber du warst so stark und hast fester an dich geglaubt als jeder andere. Ohne dich, mein jüngeres Ich, wäre ich nicht die, die ich nun bin. Ohne dich gäbe es nicht das wundervolle Leben, das ich das meine nennen darf, und ohne dich wäre der große Traum vom eigenen Buch nicht in Erfüllung gegangen. Ich bin stolz auf dich.

Danke, Basti. Danke, dass du mich an meinen Mut erinnert hast, als ich an mir zweifelte. Danke, dass du mir zuhörst, wenn mein Gedankenkarussell anspringt. Danke, dass du mich tröstest, wenn ich mich traurig fühle, und dass du mich so liebst, wie ich bin. Etwas Schöneres, als dich an meiner Seite zu haben, kann und will ich mir nicht vorstellen. Ich liebe dich.

Danke, Sophie, Larissa und Verena. Ihr habt mir gezeigt, was wahre Freundschaft bedeutet und dass es keine Rolle spielt, wie viele Kilometer zwischen uns liegen oder welche Ländergrenzen, Jobs und Verpflichtungen uns trennen. Denn wenn wir uns sehen, ist alles beim Alten. Das ist eines der größten Geschenke, die es im Leben gibt.

Danke, Mama und Papa. Danke, dass ihr meine Liebe zur Literatur bestärkt und mir stets neuen Lesestoff besorgt habt. Danke für die vielen Stunden, die ihr ohne Murren in Buchläden verbracht habt, wenn ich aus dem Stöbern nicht herauskam. Danke, dass ich stets auf eure Unterstützung zählen kann, selbst wenn ich ungewöhnliche Wege gehe und manchmal unbequem bin. Danke für die Wurzeln, die ihr mir schenktet, und ein noch größeres Danke für die Flügel.

Danke, Angela Lombard. Kaum jemand kennt meine Schattenseiten so, wie du sie kennst. Du hast mir gezeigt, wie ich all meinen Anteilen mit Liebe und Verständnis begegnen kann, sogar jenen, die ich am liebsten auf den Mond geschossen hätte. Durch dein Zutun fand ich Wege, um mich in all meinen Facetten und Farben anzunehmen.

Danke an Sandra Krebs, Anke Schild, Magdalena Kurka und das wunderbare Team vom mvg Verlag. Ich habe mich bei euch zu jedem Zeitpunkt gesehen, gehört und gut aufgehoben gefühlt. Danke, dass ihr mit viel Einfühlungsvermögen und unermüdlichem Engagement dafür sorgt, dass meine Worte ihren Weg zu meinen Lesern und Leserinnen finden.

Auch möchte ich meinen Glücksreisenden, den Teilnehmern und Teilnehmerinnen meines Coaching-Programms, danken. Für euch da zu sein schenkt mir Kraft und Energie. Eure Fortschritte und euer Wachstum zu beobachten stimmt mich freudig und stolz. Euch auf eurem Weg ins Glück unterstützen zu dürfen verleiht mir Antrieb und Sinn. Danke, dass ich eure Begleitung auf dieser ganz besonderen Reise sein darf.

LITERATUR

Achor, Shawn: *The Happiness Advantage: The Seven Principles that Fuel Success and Performance at Work*, Virgin Books, 2011.

Argyle, Michael: *The Psychology of Happiness,* 2. Auflage, Routledge, 2001.

Bock, Petra: *Mindfuck: Warum wir uns selbst sabotieren und was wir dagegen tun können*, Knaur Verlag, 2011.

Bock, Petra: *Mindfuck Love: Wie wir uns in der Liebe selbst sabotieren und was wir dagegen tun können,* Knaur Verlag, 2014.

Koppenhöfer, Eva: *Kleine Schule des Genießens: Ein verhaltenstherapeutisch orientierter Behandlungsansatz zum Aufbau positiven Erlebens und Handelns,* Pabst Science Publishers, 2004.

Schulz von Thun, Friedemann: *Miteinander reden, Band 3: Das »Innere Team« und situationsgerechte Kommunikation,* Rowohlt, 2013.

Schulz von Thun, Friedemann & Stegemann, Wibke: *Das innere Team in Aktion: Praktische Arbeit mit dem Modell,* Rowohlt, 2004.

Seligman, Martin E. P.: *Authentic Happiness: Using the New Positive Psychology to Realise your Potential for Lasting Fulfillment,* Nicholas Brealey Publishing, 2017.

de Shazer, Steve & Dolan, Yvonne: *Mehr als ein Wunder: Lösungsfokussierte Kurzzeittherapie heute,* Carl-Auer Verlag GmbH, 2022.

Young, Jeffrey E. & Klosko, Janet S.: *Sein Leben neu erfinden: Wie Sie Lebensfallen meistern,* Junfermann Verlag, 2006.

DIE AUTORIN

© Christopher Schmid

Vanessa Göcking ist systemischer Personal, Business und Team Coach. Im Rahmen ihres selbst entwickelten Coaching-Programms »Die Glücksreise« begleitet sie Menschen dabei, ihr Lebensglück spürbar und nachhaltig zu steigern. Auf ihrem reichweitenstarken Instagram-Kanal @vanessa.goecking und in ihrem Erfolgspodcast »Glücklichsein« teilt sie Impulse für ein glückliches und erfülltes Leben.

Folge Vanessas Podcast »Glücklichsein« auf Spotify, Apple Podcast oder überall, wo es Podcasts gibt. Jede Woche spricht sie mit spannenden Persönlichkeiten und inspirierenden Gästen über deren Geheimnisse und Strategien für ein glückliches Leben.